LES

MÉMOIRES DES PASSANTS

LIBRAIRIE DE E. DENTU, ÉDITEUR

DU MÊME AUTEUR

LES COULISSES ARTISTIQUES, 2ᵉ édition, 1 vol................	3 fr. »
LES ARAIGNÉES DE MON PLAFOND, 2ᵉ édition, 1 vol.............	3 fr. »
LES MANGEUSES D'HOMMES, 4ᵉ édition, 1 vol................	3 fr. »
LE NOUVEL ART D'AIMER, 4ᵉ édition, 1 vol...................	3 fr. »
OHÉ VITRIER ! 3ᵉ édition, 1 vol....	3 fr.
VISAGES SANS MASQUES, 2ᵉ édition, 1 vol...................	3 fr.
LA MASCARADE DE L'HISTOIRE, 2ᵉ édition, 1 vol, illustré..........	3 fr. 50

PARIS VICIEUX

I. — LE COTÉ DU CŒUR, illustrations de Grévin, 7ᵉ édition, 1 vol......	3 fr. 50
II. — LA CHAINE DES DAMES, illustrations de Grévin, 4ᵉ édition, 1 vol....	3 fr. 50

Paris, Société d'Imprimerie PAUL DUPONT (Cl.) 000.3.82.

LES MÉMOIRES
DES PASSANTS

PAR

PIERRE VÉRON

DEUXIÈME ÉDITION

PARIS

E. DENTU, ÉDITEUR

LIBRAIRE DE LA SOCIÉTÉ DES GENS DE LETTRES

PALAIS-ROYAL, 15-17-19, GALERIE D'ORLÉANS

—

1882

(Tous droits réservés)

I
CHOSES

LES MÉMOIRES
DES PASSANTS

Le Point-du-Jour, autrefois banlieue, à présent faubourg interné dans l'enceinte des fortifications, devait jadis son nom à ce fait que les diligences qui amenaient toujours leurs voyageurs à Paris le matin, faisaient leur dernière halte en cet endroit, aux abords de l'aurore.

Ce n'était qu'un hameau, délaissé et morose, où Gavarni, on ne sait comment, avait eu l'étrange fantaisie de loger sa villégiature baroque.

Le bord de l'eau, en ce temps-là, était, au

Point-du-Jour, un véritable coupe-gorge. Malheur à qui s'aventurait, après huit heures du soir, sur cette berge morne et ténébreuse!

C'est le cas de placer ici la célèbre exclamation : que les temps sont changés !

Cette même berge à présent, de midi à minuit, ressemble à une fourmilière.

Comment s'opéra la métamorphose ? Peu à peu et par série. La construction du viaduc du chemin de fer fut le point de départ. Il n'y avait là alors qu'un seul cabaret à l'enseigne du *Petit pêcheur.* Quatre acacias, deux bancs, un comptoir.

Les gens qui venaient voir les travaux du viaduc (les inspecteurs privés des travaux publics, comme disait Gavarni, ci-dessus nommé) firent pour ce zinc assez délaissé un supplément de clientèle. Il hébergeait en outre les piqueurs et conducteurs de ces travaux-là.

Ce fut bientôt assez pour qu'un concurrent eût l'idée de s'approprier le trop plein de ce mouvement nouveau. L'ouverture de la station, quand le chemin de ceinture fut achevé, marqua la seconde étape. Mais la prospérité du Point-du-Jour date surtout de l'installation des bateaux-mouches, qui y attachèrent leur tête de ligne.

C'était un personnel nombreux qui survenait. C'était aussi un surcroît forcé de promeneurs.

Un troisième cabaret s'établit. Puis un quatrième.

Puis vint un tir au pistolet. Des chevaux de bois suivirent. Les macarons s'en mêlèrent... Pendant ce temps-là, fritures et matelotes grandissaient toujours.

Un jour, un café apparut. Bientôt, pour attirer le client, il enrôla une troupe nomade et un violon. C'était un *avatar*. Aujourd'hui, il y a trois cafés-chantants au Point-du-Jour. Oui, trois, tout autant, rivalisant de grosse caisse, de lanternes coloriées et de pyrotechnies.

L'un s'appelle le *Cadran*. Vaste hangar avec une galerie au fond et un *allumeur* qui, devant la porte, crie le classique : *Entrez, mesdames et messieurs !*

Un vrai orchestre d'une quinzaine de musiciens y accompagne les suaves refrains en vogue, tels que :

> Je suis Basil (*sic*).
> J'arrive du Brésil...

ou :

> Tiens ! voilà Mathieu !
> Comment vas-tu, ma vieille ?...

La concurrence — la maison qui est au coin du quai — est le *café des Bateaux !* La salle est moins grande, mais le public s'y empile plus dru sur des bancs à compartiments. On y chante le même répertoire qu'en face, avec des artistes empruntés aux alcazars les plus variés. Des acrobates panachent la soirée.

Aspect beaucoup plus mouvementé qu'au Cadran. L'élément populaire domine.

Le troisième café-concert est un théâtre à consommations plutôt. On y joue des pièces qui remplissent toute la soirée. On en était encore, il y a quinze jours, aux *Cloches de Corneville* (toujours !). On vient de passer à la *Fille du tambour-major*.

Mon Dieu ! je ne vous donne pas cela pour le fin du fin. Mais, positivement, on ne joue pas plus mal là que sur bien des scènes de sous-préfecture, voire de préfecture.

Un cirque — excusez du peu — avait jadis installé ses écuries au Point-du-Jour, sous la direction des frères Risarelli. Mais, pour le coup, c'était trop présumer de la population flottante. Le cirque a fermé boutique.

Il reste assez d'éléments de folichonnerie sans lui à cette plage, qui ressemble peu aux rendez-vous de *high-life* qui s'appellent Dieppe ou Trouville, mais qui a un caractère particulier, qui est une des rares excentricités du Paris banal et monotone qui a engendré l'uniformisation.

Tout un monde d'industriels nomades s'abat le dimanche, le lundi et le jeudi sur le Point-du-Jour. Un des commerces les plus florissants de l'endroit est le débit d'écrevisses cuites que des femmes colportent dans des paniers. Des fillettes et des gamins y débitent des bouquets champêtres, à l'attrait desquels la demoiselle de magasin ne sait pas résister. On y loue des canots pour les amis de l'aviron. Des racleurs de guitare, de violon ; des saltimbanques ambulants faisant de l'équilibre à la porte des cabarets ; des aveugles soufflant dans des clarinettes éplorées ; des marchands de chansons et de calembours complètent l'aspect de ce *quai des Miracles*.

Vers dix heures du soir, cet aspect, bizarrement grouillant, prend souvent un accent très empoignant pour qui regarde du haut du pont.

D'un côté, ce ruban de lumières scintillantes, zébré par les ombres des promeneurs raréfiés ; sur l'eau, les bateaux-mouches, aux fanaux de couleur qui font trembloter leur reflet dans la rivière, semblables à des lucioles battant des ailes.

Derrière soi, la lune frappant de lumière les coteaux de Meudon et de Bellevue, pendant que les arbres des îles découpent dans la pénombre leurs silhouettes vagues.

Je vous assure qu'on a là une impression très particulière.

Ce contraste de la nature endormie et de la ville qui folâtre vaut qu'on fasse le voyage.

*
* *

Il paraît que la police a jugé nécessaire d'opérer, à l'improviste, une razzia chez un certain nombre d'usuriers qui exerçaient leur profession lucrative au détriment des fils de famille dans l'embarras.

Quantum mutatus ab illo... A ce mot d'*usuriers*, n'allez pas naïvement vous imaginer quelque vieux ratatiné, au chef chauve et recouvert d'une légendaire calotte de velours, au nez crochu, au menton de galoche, au regard faux, embusqué derrière des besicles. N'allez pas non plus vous représenter le personnage habitant quelque sordide tanière, au fond d'une cour gluante, et vivant au milieu d'oiseaux empaillés dont il fait distribution à sa clientèle.

Celui-là, c'était l'usurier classique, l'usurier des romans d'il y a trente ans et plus.

La métamorphose est aujourd'hui complète, ainsi qu'ont pu le constater les commissaires qui ont procédé contre les délinquants nouveaux.

On a présentement de véritables artistes en usure.

Récemment, quelqu'un de renseigné me désignait, au théâtre, un monsieur irréprochablement ganté, habillé par le bon faiseur, et lorgnant avec une élégante impertinence sous son binocle, portant enfin avec une désinvolture gommeuse ses trente et quelques années.

— Savez-vous, me demanda-t-on, quel métier exerce ce charmant monsieur ?

— Non.

— C'est un usurier.

Et l'on m'expliqua ses manœuvres aimables.

Car l'usurier — modèle 1880 — opère, le sourire aux lèvres, hante les courses, offre au client, qu'il appelle *cher*, un pur havane acheté au Grand-Hôtel, cultive les solennités dramatiques et littéraires.

Il y a des usuriers de *high-life* qui chevauchent au Bois tous les matins, envoyant du bout des doigts un salut protecteur à la dupe dépouillée la veille.

Vous verrez, si les perquisitions opérées l'autre jour ont des suites, vous verrez à quels singuliers prévenus la justice aura affaire.

Des paons de proie !

**

Je plains cette héroïque, mais trop exploitée musique de la garde républicaine.

Y avez-vous pris garde ? Cela devient de la persécution, du martyre. Il ne peut plus se donner une fête chez un personnage d'éclat, il ne peut plus s'inaugurer une statue de célébrité locale dans un chef-lieu de canton, il ne peut plus se distribuer un prix dans une école, il ne peut plus s'organiser une fête de village sans que le concours de la garde républicaine soit sollicité — et obtenu.

Un ministre quelconque — voire un simple chef de cabinet — passe n'importe où.

Le maire ou un adjoint se précipite :

— En vous présentant nos hommages, nous aurions une faveur à solliciter de vous.

— Parlez ! répond le simple chef de cabinet — ou sous-chef — avec l'intonation majestueusement encourageante qui convient.

— Nous avons ici un concours de pompes le 14.

— Ah ! très bien... très bien !...

— Pour donner quelque solennité à ce concours, nous voudrions bien le concours de la musique...

— De la garde républicaine, achève le fonctionnaire involontairement.

— Précisément... Et votre haute intervention...

Inutile d'aller plus loin.

Du moment où les mots *haute intervention* ont été lâchés, on y est. Le sous-chef — ou simple employé — y va de sa promesse.

Et voilà à ces braves artistes, des gens d'un rare mérite, une obsession de plus sur les bras. Et voilà à ce pauvre Sellenick, un compositeur de rare talent, une corvée de plus.

On les promène ainsi, ces virtuoses sans rivaux, de festival en dîner, de dîner en bal, de concours régional en inauguration ! On les trimbale au nord, au sud, à l'est, à l'ouest.

Ils ne dorment plus qu'en wagon. Ils ont à peine le temps de manger.

Ils suent, s'essoufflent, demandent grâce...
Non ! Ce sont les Juifs-Errants du succès.

Eh bien, sapristi ! moi je demande grâce pour eux. On abuse, en vérité, de leur bon vouloir et de leur mérite. Sans compter qu'à les prodiguer ainsi, on finira par lasser le succès. Et puis n'ont-ils pas besoin de se retremper dans le repos d'abord, dans l'étude ensuite ?

Il est absurde de les surmener ainsi. On les étouffera sous les lauriers.

Est-ce vrai?

*
* *

Un conflit judico-littéraire.

Un éditeur avait recueilli un certain nombre de lettres de Rachel et se disposait à les publier, quand un *veto* de la famille est survenu, interdisant de toucher à ces reliques.

Un procès va s'engager.

Évidemment les droits de la famille sont, en pareil cas, d'une incontestable légalité. Mais les droits du public ne doivent-ils pas entrer en ligne de compte aussi?

Je sais bien que l'appréciation est délicate. Cependant il ne paraît pas impossible de prendre une juste mesure entre la défense absolue et le triage intelligent.

Il est bien clair que certaines divulgations, faites surtout avec trop de bruit, mettent en péril des tiers dont la considération peut avoir à souffrir de trop intimes révélations. Mais, en dehors de ces cas spéciaux, il ne devrait pas être loisible aux particuliers de mettre la lumière sous le boisseau.

En ce qui concerne nommément Rachel, on comprend que tout ce qui éclairerait des recoins de vie privée soit écarté. Mais le reste, mais les commentaires au jour le jour de cette créature si bizarrement personnelle, de cette femme de génie poussée, au hasard du hasard, sur un grabat de la bohème !

N'y aurait-il pas un intérêt puissant dans ces pages qui nous sont enlevées par une parenté trop jalouse ?

C'est que précisément Rachel était un des types les plus curieux à étudier dans ses manifestations familières. Au théâtre on n'a eu que la moitié de cette nature si douée, si vibrante.

Des amis qui l'ont approchée pendant plusieurs années nous ont conté sur elle des anecdotes d'un accent tout à fait étrange. Il y eut là une dilatation successive de facultés d'abord repliées sur elles-mêmes, qui serait un sujet d'observations précieux pour les psychologues.

Songez ! Cette fillette qui naguère jouait du violon dans les cafés, sachant à peine lire et écrire, cette fillette devient tout à coup l'étoile de Paris. Elle vit au contact des gloires et des opulences. Les princes, les grands écrivains, les artistes hors ligne lui font cortège.

Et elle trouve moyen, — tout de suite, par intuition, — de ne pas être ridicule, et elle les étonne par ses sagacités imprévues.

Il n'y a que la femme qui soit capable de ces métamorphoses instantanées.

Jamais l'homme n'y parvient. Il a besoin du temps pour se transformer. Encore n'y arrive-t-il pas toujours.

Je pourrais citer tel peintre en renom qui est demeuré rustre malgré tout.

La femme qui réussit ne reste pas chrysalide. Le papillon s'envole du premier coup d'aile bien loin, bien haut.

La *Correspondance de Rachel* — entre autres curiosités — aurait eu celle-ci : elle aurait permis de suivre *l'envolement* à la trace.

Et aussi que de détails piquants sur les individualités d'alentour !

Elle n'avait pas d'esprit, à proprement parler, Rachel. Elle avait plus : c'était une voyante. Elle trouvait non pas des mots de vaudevilliste, mais des commentaires de penseur.

On me montrait une lettre d'elle, écrite vers la fin de sa vie, alors qu'elle était en proie aux tortures du mal qui la devait emporter, alors aussi que le silence de la tombe semblait se faire par anticipation sur son grand nom.

La lettre se terminait ainsi :

« Je souffre double ; car la vie ne tient plus à moi, et je tiens encore à elle ; car les autres m'oublient, et je me pleure. »

N'est-ce pas là un de ces beaux cris qui ne viennent qu'aux inspirées ?

Combien en perdons-nous de pareils par la faute de cette malencontreuse interdiction ?

N'y aurait-il pas à faire une loi qui appliquerait aux choses intellectuelles la loi, d'ordre tout matériel jusqu'ici, qui autorise l'expropriation pour cause d'utilité publique ?

*
* *

De larges affiches apposées sur les murailles apprennent *urbi et orbi* que le répertoire des insanités parisiennes vient de s'enrichir d'une scie nouvelle.

Les affiches, copieuses autant que vastes, ajoutent au mot *scie* l'adjectif *populaire*.

Va pour *scie populaire!*

C'est le nommé Libert, spécialiste, qui est

chargé de propager la popularité sciante, comme il le fit jadis pour l'*Amant d'Amanda,* éclos au même nid, accroché à un arbre des Champs-Élysées.

Le roucoulement du nid se compose d'un monosyllabe unique :

— *Psitt! psitt! psitt!*

Je suis consciencieux. J'ai tenu à ouïr et Libert et ses *psitt! psitt! psitt!*

Je regrette *Amanda* et son refrain de trottoir. Les *psitt!* actuels n'ont ni rime, ni raison, ni folie.

Quant à Libert, le délinquant, c'est un imberbe garçon, à voix grosse, dont le talent consiste à rire d'un rire inamovible, qu'il doit garder la nuit afin de n'en pas perdre le pli.

Il a imaginé, pour débiter ses *scies,* — populaires ou non, — un costume qui a fait école. On dit les *Libert,* ainsi qu'on a dit les *Déjazet...* Hélas!

Le costume se compose d'un pantalon pied d'éléphant dans lequel le soulier disparaît complètement, d'un veston qui ne couvre rien de ce qu'il devrait couvrir, d'un faux col plus démesurément évasé que les *fraises* du temps passé, de manchettes auxquelles pendent des boutons gros comme des œufs de poule, et d'un médaillon qui est une véritable armoire de ventre.

Avec ces accessoires, on s'établit Libert pour la France et l'exportation.

Et, en effet, ils sont dix, vingt, trente, qui colportent dans les cafés-concerts et bouibouis de l'Europe le pantalon, le veston, le faux col entonnoir et l'armoire-médaillon.

Il est juste de constater que l'inventeur reste supérieur à ses parodistes.

Il a, dans sa niaiserie de cocodès béat, quelque vraisemblance et même quelque ressemblance. On a rencontré de ces vieux jeunes, abêtis par le commerce de ces dames, dont la gaieté grimaçait ce sourire figé... Route du gâtisme. Première station.

A cette reproduction Libert gagne des appointements supérieurs à ceux d'un général de division grand officier de la Légion d'honneur. Deux mille francs par mois environ.

Soit une dizaine de francs par *psitt! psitt!* lancé à l'auditoire idolâtre.

En pareil cas, ce n'est jamais au fournisseur qu'il faut s'en prendre. C'est au consommateur.

Il me semble d'ailleurs que le refrain en vogue, si l'on y prend garde, a sa petite portée philosophique.

Psitt! psitt!... Savez-vous que c'est bien la formule par laquelle peut se résumer notre époque.

Psitt! psitt! ça fait retourner le passant. Et faire retourner le passant est, aujourd'hui, le grand secret de la renommée, voire de la fortune.

Psitt! psitt!... Autrefois, les affaires sérieuses auraient rougi de recourir aux publicités provocantes, aux appels *ad hominem*. Maintenant pas de caisse sans grosse caisse!... Psitt! psitt! psitt! On interpelle directement le passant; entrez et versez... Hé! là-bas! monsieur Gogo... Psitt! psitt!

Psitt! psitt! Elles étaient catégorisées dans le mépris, les femmes qui jadis harcelaient de leur luxe scandaleux le regard du public. Comme on a changé tout cela! Les toilettes tapageuses ont envahi le sanctuaire de famille ; le falbala criard, l'excentricité préméditée sont adoptés par la femme du monde aussi bien que par la courtisane. A telles enseignes que le triage devient presque impossible pour l'œil le plus exercé. C'est à qui fera psitt! psitt! par le costume baroque, par l'attitude fantaisiste.

Et en littérature donc!... que de *psitt! psitt!* résonnent de toute part. Comment attirer l'acheteur? Psitt! psitt! Les volumes aux brutales audaces, aux naturalistes trivialités, prennent les gens au collet... Psitt! psitt!... venez donc, je suis bien plus cyniquement immoral que mon voisin.

Psitt! psitt!... L'artiste attendait, au bon vieux temps, qu'une série d'efforts méritants eût appris son nom au public. C'était par un labeur obstiné que se fondaient les réputations. Il n'en faut plus de ces lenteurs-là... *Psitt! psitt!* est bien plus tôt dit. D'où cette affluence de tableaux dont la cocasserie voulue, dont l'impres sionnisme en goguette hèlent le spectateur. Et le spectateur, malheureusement, se laisse héler docilement, en mouton de Panurge. Et au *psitt!* il répond par un bêlement naïf et devient le complice des mystificateurs.

En politique, enfin, les *psitt! psitt!* des candidats s'entre-croisent sans relâche, chacun renchérissant sur les avances du concurrent...

Ah! j'avais bien raison de le proclamer... c'est l'ère de *psitt! psitt!* que la nôtre, et la chanson est symbolique.

*
* *

Aujourd'hui, le grand criterium artistique, — qu'on me permette de le déplorer, puisque l'occasion s'offre d'elle-même, — ce sont les chiffres.

Autrefois, lorsqu'il s'agissait de recommander au public une œuvre quelconque, on en faisait valoir les qualités; à présent, on en calcule la valeur mercantile.

On disait jadis :

— Telle pièce est remarquable par son style.

Ou par sa donnée.

Ou par la force des situations.

Ou par tel, tel, tel morceau de la partition.

Thème qui fournissait à la critique un prétexte à variations brillantes.

La critique! Mais on n'a pas plus besoin d'elle désormais, puisque tout finit... par des additions.

On ne motive plus un succès, on le tarife. Regardez plutôt les colonnes des journaux, — à l'endroit où sont logés les échos de théâtre. Au premier abord, vous croiriez que vous vous êtes trompé et que vous avez affaire au bulletin de Bourse, tant la colonne est hérissée de chiffres.

Autres temps, autres mœurs. Nous sommes devenus un peuple de calculateurs, on nous traite en conséquence.

Un directeur du passé, lorsqu'il voulait allécher le public, tournait galamment quelque réclame bien touchée où on lisait :

« L'œuvre charmante de M. X... voit chaque soir s'affirmer davantage son éclatant succès. La gaieté de bonne compagnie, les amusantes péripéties d'un imbroglio inextricable, la... le... »

Et ainsi de suite.

Maintenant, pas de phrases, des nombres.

Vous lisez :

« Jamais le théâtre de *** n'avait encore encaissé de recettes pareilles à celles qu'ont produites les dix premières représentations de la *Fille du maréchal des logis.*

« La moyenne a été de 5,675 fr. 22 c. par soirée. »

Pas un commentaire. A quoi bon ?

Sur ce, le concurrent de s'écrier :

« Au théâtre des Fantaisies-Dramatiques, c'est toujours de plus fort en plus fort.

« On a fait hier soir 7,541 fr. 50 c.

« C'est cinquante-neuf francs vingt-cinq (59 fr. 25) de plus que la recette la plus élevée qui ait jamais été réalisée à ce théâtre. »

Et il y en a comme cela pendant vingt, trente, quarante lignes.

Un barême !

C'est le moment d'ajouter une variante à celles que l'on connaît déjà, et de s'écrier :

— Un peuple n'a que les réclames qu'il mérite !

Le chiffre n'a d'ailleurs pas son *ultima ratio* qu'au théâtre, on le fourre partout.

Témoin cette annonce que j'ai fraîchement découpée dans un journal :

« Une orpheline de 18 *millions*, — dont 12 *millions* réalisés et au PORTEUR, — désire se marier. Écrire poste restante aux initiales... »

Que dites-vous de l'*orpheline de 18 millions* ? Absolument comme si on parlait d'une maison de 200,000 francs ou d'un cheval de 1,000 écus.

Et les 12 millions — *au porteur !* — pour allécher les futurs. Au porteur ! entendez-vous, tendres soupirants ?

Au porteur ! Poésie céleste !

On se demande, par exemple, quel cas rédhibitoire peut bien céler une orpheline de ce prix pour en être réduite à recourir aux annonces pour trouver un mari.

Mais fût-elle bossue, bancroche, louche, manchote, avec dix-huit millions, dont douze au porteur !... ne pas l'oublier... elle ne devrait pas avoir besoin de battre la grosse caisse pour attirer les amateurs.

*
* *

Les tambours sont supprimés.

Déjà on avait aboli les sapeurs à la large barbe et au tablier de cuir blanc, les sapeurs qui me rappelaient toujours les druides qui vociféraient en famille dans les chœurs de *Norma*.

Puis on a dédoré le tambour-major.

Puis simplifié l'uniforme de ceux-ci, enlevé

les soutaches de ceux-là, aboli le plumet de ces autres.

Et ainsi de suite. La consigne est de dépanacher. Est-on bien, bien sûr qu'elle soit intelligente, la consigne ?

La profession militaire n'est pas de celles qui s'exercent sans entraînement préalable.

On ne s'établit pas *tueur de semblables* comme on s'établit charcutier ou quincaillier. Il faut donc s'entraîner par des mises en scène spéciales, se griser de bruit, de scintillement et d'apparat.

Tenez. Supposez un instant une armée en paletots, avec des chapeaux noirs. Vous éclatez de rire ; — et fort probablement cette armée-là serait aussi pitoyable que ridicule. Souvenez-vous des anciens *bizets* de l'ancienne garde nationale.

On se tord encore devant les dessins du temps de Louis-Philippe qui représentent ces soldats bourgeois avec leurs blanches buffleteries par dessus des redingotes à la propriétaire.

Ces hypothèses et ces souvenances prouvent ceci, à savoir que l'état militaire ne peut se passer des pompes extérieures. Le premier de ces fétichismes, n'est-ce pas le drapeau ? Pour les positivistes austères, c'est un morceau d'étoffe mal employé. Je m'étonne qu'on n'ait pas demandé encore la suppression du drapeau, doré par le bout.

Cela manque de froideur puritaine.

Et pourtant ce morceau d'étoffe s'appelle, à un moment donné, la patrie. En le regardant, un poltron peut devenir un héros.

Ne touchez pas à ces superstitions-là !

Par la même raison, ne touchez pas imprudemment à certains clinquants nécessaires.

Il faut du chatoyant, du flambant, du grisant dans le scénario du militarisme. Vous n'arriverez jamais à faire du soldat un simple employé au rayon de la fusillade.

C'est pourquoi je prends la liberté de regretter les simplifications outrancières qui paraissent à l'ordre du jour, les ran plan plan qu'on fait taire, les plumes qu'on a arrachées de la coiffure du tambour-chef, les barbes florissantes qui ondoyaient sur les peaux blanches des porte-haches, la pelisse galante qui flottait au dos des hussards et tout le bataclan qu'on menace d'unification monocorde.

Économie, dit le budget.

Alors soyez logiques. Économisez jusqu'au bout. Supprimez les armées permanentes. C'est impossible ? En ce cas, n'embourgeoisez pas ce qui ne peut vivre que par le prestige.

*
* *

Dansez, valsez, polkez, intrépides mondaines, mondains infatigables.

Un statisticien calculait jadis que dans une nuit de bal, une frêle et faible femme parcourt sa bonne vingtaine de kilomètres. Le statisticien s'en étonnait. Il ne s'en étonnera plus, grâce à la nouvelle mode qui nous est signalée par les révélations de la chronique des salons.

Elles annoncent, ces révélations, que la pharmacie vient de faire son entrée dans les bals.

Au diable les rafraîchissements antiques, les punchs de la routine ! On les remplace dans la nuit par une tournée d'un vin médicinal dont les quatrièmes pages chantent d'ordinaire la gloire.

A la bonne heure! voilà une innovation !

Espérons qu'on n'en restera pas là. C'est le moment de développer la providentielle réforme, car de toute part les soirées et les raouts font merveille. Propagez donc la méthode, vous qui avez pour devise : *Hygiène et avant-deux !*

On connaissait déjà le *Castigat ridendo*. Il aura désormais un pendant. *Se traiter en dansant !* dira la divise de l'avenir.

Pour cela, il suffira de marcher dans la voie qui vient d'être frayée. Après le vin médicinal, toutes les formules du Codex sont prêtes à faire leur entrée dans le monde.

Alors les comptes rendus des fêtes élégantes

seront vraiment rajeunis par de délicieuses variantes.

On lira ici :

« Le bal de Mme de Z... a été un des plus splendides de l'hiver.

« En maîtresse de maison qui sait joindre l'utile à l'agréable, Mme la comtesse de Z... a voulu prémunir ses invités et ses invitées contre les funestes effets de l'humidité et du brouillard qui les attendaient à la sortie, embusqués avec leurs acolytes la grippe, la bronchite et la pneumonie.

« Pour mettre ses hôtes à l'abri du danger, la comtesse a fait circuler, vers quatre heures du matin, sur les plateaux, de charmants verres de Venise remplis d'une liqueur blonde comme Phœbé.

« Cette liqueur, c'était la délicieuse *huile de foie de morue préparée à la vapeur* par notre célèbre chimiste *** (brevetée s. g. d. g.).

« L'*huile de foie de morue* parfumée à l'orange, à la vanille, à la framboise, a obtenu un succès fou. Dorénavant, il n'y aura plus de réunion aristocratique sans elle. »

Ailleurs, autre compte rendu :

« Chez le marquis de C..., les jeux et les ris se sont prolongés jusqu'au jour.

« Mais le marquis, désireux de préserver la santé des joyeux essaims qui tourbillonnaient follement, avait eu la charmante attention, pour combattre l'inflammation qu'engendrent les veilles trop prolongées, de faire servir, dans le courant de la nuit, les nouveaux *bonbons à la rhubarbe*, composés par la maison Balandrot, la créatrice de la *Confiserie Sanitaire*.

« Grâce à ces bonbons merveilleux, demain les jolies danseuses du marquis de C... se réveilleront aussi fraîches et aussi légères que si elles n'avaient pas eu à subir les énervements du plaisir. »

Et ainsi de suite.

Qu'on dise encore que nous ne sommes pas un peuple sérieux ! nous qui sommes en train d'inventer le cotillon thérapeutique !

*
* *

Téléphonons, mes frères.

Il paraît que l'invention dont on fit tant de bruit, il y a dix-huit mois, va entrer définitivement dans le domaine de la pratique.

Les amateurs auront leur téléphone à domicile, comme on a l'eau ou le gaz. Moyennant un abonnement à prix fixe, on pourra se mettre en communication avec tous les autres abonnés et converser à distances variées.

Pour cela, il suffira d'avertir le *point central* de son intention.

Vous téléphonerez, par exemple :

— M. X... désire correspondre avec M. Y..., abonné, demeurant telle rue, tel numéro.

Au bout d'une minute, on vous répondra :

— Ça y est.

Et la communication se trouvant établie, grâce à des fils posés d'avance, bien entendu, vous pourrez entamer le dialogue électrique tout à votre aise.

Oreste, de la sorte, pourra être en continuelles effusions avec Pylade. La jalousie, grâce à la ligature téléphonique, sera à même d'exercer une continuelle surveillance.

Supposez un mari féroce.

Sa femme part pour les bains de mer ou pour une villégiature quelconque, tandis que ses affaires le retiennent à Paris.

Vite il fera poser un téléphone.

Et au moindre soupçon :

— Où est ma femme ? téléphonera-t-il.

— Je suis là, mon ami, répliquera la voix aimée.

— Très bien.

Si la voix aimée n'est pas à la réplique, le téléphone courroucé se révoltera.

— Qu'on aille chercher madame !

Et il faudra que madame vienne téléphoner des explications satisfaisantes.

Il y aura lieu toutefois de se méfier; car l'instrument pourrait, à certains moments, devenir indiscret.

Je suppose deux hommes de Bourse en rapport téléphonique. L'un désire entretenir l'autre d'une affaire.

— Vous y êtes?

— Oui.

Là-dessus le numéro *un* expose au numéro *deux* le plan d'une spéculation destinée à mettre dedans un numéro *trois* quelconque.

Et le téléphone de continuer :

— Dans la vente des trois mille actions du *Crédit hypothétique*, il faut faire signer un engagement à Balandard, pour qu'il ne puisse plus se dédire. Nous le tiendrons alors et pousserons à la baisse.

Or, c'est précisément Balandard en personne qui se trouvait seul dans le cabinet du n° 2, au moment où l'on a téléphoné, et voilà qu'il apprend, au grand complet, la malversation amicale dirigée contre lui.

Mais que voulez-vous ! Il n'est pas de médaille humaine qui n'ait son revers. A ceux qui vont profiter du procédé nouveau à surveiller leurs épanchements.

Il s'est plaidé devant les tribunaux belges un procès des plus étranges.

Il s'agit de savoir si le baccarat est ou n'est pas un jeu de hasard.

La loi prohibe les *jeux de hasard* sans autrement s'expliquer sur ce que l'on doit entendre par ces mots.

D'où le conflit.

On a fait une descente de police au kursaal d'Ostende parce que le baccarat y était joué. Un procès a suivi.

De part et d'autre, entre avocat et ministère public, on a ergoté à qui mieux mieux pour et contre. Au baccarat, en effet, le joueur n'est pas purement passif. Il peut faire acte de volonté en prenant ou ne prenant pas de cartes.

C'est le système de la défense.

L'accusation riposte :

— Oui, mais c'est le hasard qui donne les cartes. Donc...

On a cité dans les plaidoiries des traités de jeu et aussi notre compatriote Alfred de Caston, qui a écrit sur les tricheries un livre curieux.

Peu s'en est fallu que le tribunal ne mandât à sa barre des démonstrateurs qui *en auraient taillé une,* comme on dit dans l'argot spécial.

Le fait n'aurait pas été sans précédent, et ce procès nous rappelle une bien plaisante aventure dont fut témoin la 6e chambre de police correctionnelle, il y a bien des années déjà.

On y jugeait un grec, prévenu de filouterie à l'écarté.

Le grec appartenant à une famille honorable et même riche, le procès avait pris une certaine importance. Un avocat célèbre assistait l'accusé. Une expertise avait été faite.

C'est Robert Houdin qui avait été appelé comme expert.

Quand son tour fut venu de déposer, Robert Houdin exposa, avec une netteté de praticien, les ruses familières aux escrocs de cette spécialité.

Il en arriva ainsi au coup sur lequel la prévention se basait.

Là, le défenseur l'interrompt. Les objections se croisent avec les réponses de Robert Houdin et de l'avocat général, — lequel, entre parenthèses, était grand ami des cartes.

Bref, le président — pour éclairer le tribunal — invite Robert Houdin à s'approcher.

— Veuillez faire une partie d'écarté avec M. l'avocat général, qui aura l'obligeance de se prêter à l'épreuve.

En effet, la partie s'engage au milieu de l'attention générale.

Robert Houdin, bien que surveillé de tout près, exécute son saut de coupe au moment où l'on est *quatre à quatre*.

— Gagné, fait-il en retournant le roi au commandement.

— *Ma revanche!* s'écrie l'avocat général, chez qui l'ardeur du joueur venait de se réveiller malgré lui.

Si les rires firent explosion, je vous le laisse à penser!

***

Un ancien décavé américain vient d'inaugurer une singulière profession.

S'il faut en croire le journal qui conte la chose avec force détails, un ingénieux *innovateur-fondateur*, comme disent les réclames de M. de Foy, vient d'établir à Paris une académie des jeux. *Experto crede Roberto*. Il entend que son expérience soit profitable, ce brave homme !

Dans ce but, il a divisé en trois classes les études qu'il dirige.

Première classe : L'art de jouer aux cartes, jeux usuels et jeux d'argent.

Seconde classe : L'art d'éviter d'être volé au jeu.

Troisième classe : Histoire des jeux depuis les temps les plus reculés jusqu'à nos jours.

Nous devons prévenir M. John Makeschift (c'est son nom) qu'il se trompe tout de même un peu, s'il croit être un véritable précurseur. Bien avant lui, Robert Houdin et de Caston ont démasqué hautement les grecs et indiqué les moyens de ne pas se laisser écorcher par les Alphonse de la dame de pique.

Il est vrai qu'il y a souvent loin de la démonstration écrite à la pratique ; mais je serais curieux de savoir comment peut bien se recruter le personnel des élèves qui suivent les cours de cet excentrique professeur. Et aussi d'assister à une leçon.

L'entendez-vous commencer ainsi :

Messieurs,

La leçon d'aujourd'hui sera consacrée tout entière à une question des plus graves, question devant laquelle a hésité la sagesse des plus habiles. La voici : « Au baccarat, doit-on prendre une carte quand on a cinq ? »

Que c'est beau, le noble souci des grands problèmes d'ici-bas !

*
* *

Rien de nouveau sous le soleil.

Messieurs les impressionnistes se prennent pour des inventeurs et paraissent, tout comme messieurs les naturalistes, convaincus qu'ils ont créé une secte inédite.

Détrompons-les, pièces en main.

Je parcourais le volume des *Comédies* de Théodore de Banville qui forme le complément de l'édition de ses œuvres complètes.

En tête de ce volume se trouve... une revue de fin d'année écrite en collaboration avec Philoxène Boyer.

Oui, une vraie revue en vers qui fut jouée à l'Odéon sous la direction d'Altaroche et qui était millionnairement rimée.

Titre : Le *Feuilleton d'Aristophane.*

Or, le *Feuilleton d'Aristophane* date de 1852, s'il vous plaît. Il y a vingt-sept ans !

Et voici la scène que nous y trouvons, scène qu'on pourrait croire d'hier et faite en sortant de l'exposition des *indépendants* de l'avenue de l'Opéra ou après la lecture d'un zolaïste quelconque.

Aristophane, qui joue le rôle du compère, est en scène avec Thalie et Xanthias.

Xanthias prend la parole :

Monsieur, je vous annonce un |peintre. C'est un maître
Mal léché. Sans remords je l'eusse envoyé paître.
Il me parut hideux ; mais, comme il insista,
Je l'introduisis.

ARISTOPHANE

Bon !...

RÉALISTA (entrant)

Je suis Réalista !

Réalista, c'est l'incarnation de la religion du laid, du trivial, du repoussant. C'est le père de toutes les hideurs qui ont pullulé depuis ce précurseur du culte de Caillebotte, de Coupeau et des sœurs Vatard.

Il s'explique lui-même en ces termes :

Je suis un réaliste
Et contre l'idéal j'ai dressé ma baliste.

Contre l'idéal... Vous le voyez. C'est bien le

mot d'ordre dont on refait tant de tapage aujourd'hui et que M. Zola donne à ses mameloucks.

Réalista continue :

J'ai créé l'art bonhomme, enfantin et naïf,
Sur les autels de qui j'égorge le poncif.
Rubens poncif ! Rembrandt poncif ! Poussin, Corrège,
Et Raphaël poncifs ! Qu'on me mène au collège !

De même, selon l'Évangile actuel, il aurait pu ajouter :

— Lamartine poncif ! Hugo poncif ! Musset poncif ! Place à Coupeau et à Lantier !

Réalista poursuit l'exposé de ses doctrines régénératrices :

.....Que votre erreur est triste !
Faire vrai, ce n'est rien pour être réaliste ;
C'est faire laid qu'il faut. Or, monsieur, s'il vous plait,
Tout ce que je dessine est horriblement laid.
Ma peinture est affreuse, et pour qu'elle soit vraie,
J'en arrache le beau, comme on fait de l'ivraie !

Arracher le beau ! Que c'est bien la consigne des prétendus novateurs de notre temps !

Réalista énumère :

J'aime les teints terreux et les nez de carton,
Les fillettes avec de la barbe au menton,
Les trognes de tarasque et de coquesigrues,]
Les durillons, les cors aux pieds et les verrues.]

Quand je vous dis que la scène aurait pu être intercalée dans une revue de l'année dernière... ou de l'année prochaine.

Aristophane alors rabroue Réalista en ces termes, que feront bien de méditer nos réformateurs dont l'initiative n'est qu'une rengaîne, comme vous voyez :

O peuple malheureux qu'un vertige a séduit !
Est-ce là qu'en effet votre art en est réduit ?
Quoi ! La basse laideur, avec amour flattée,
C'est là votre idéal, ô fils de Prométhée !
C'est pour elle qu'hélas ! vous dépensez les vers
Et la couleur splendide, âme de l'univers...
Pauvres fous ! Dans sa forme élégante et choisie,
L'art fut toujours un don, comme la poésie !
Avec l'amour du beau son destin est lié,
Et c'est tant pis pour vous de l'avoir oublié !

La scène se termine sur ce vigoureux horion.

Mais n'est-ce pas qu'elle est curieuse, cette semonce rétrospective s'adressant, à vingt ans de distance, aux *étonneurs* qui ahurissent nos gobe-mouches et leur servent comme une combinaison toute neuve, comme un fruit tout frais de leur génie, les doctrines qui traînaient déjà dans les bouibouis et caboulots du temps ?

*

Elle est bien ingénieuse, notre époque.]

Parfois même elle pousse l'ingéniosité jusqu'à la plus inattendue cocasserie.

A preuve la nouvelle invention — brevetée s. v. p. — dont j'ai lu l'annonce dans les journaux :

Le *mouchoir-instructeur !*

Castigat ridendo... Instruire en amusant!... deux devises du passé qui vont être remplacées par : *S'amuser et s'instruire en se mouchant.*

Car elle est susceptible de mille applications variées, la découverte dont il s'agit. La première application, celle pour laquelle un brevet a été pris, est essentiellement patriotique. L'inventeur a fait, en effet, imprimer — avec un *noir indestructible* (sic) — toutes les connaissances nécessaires au soldat de toute arme.

Il y a le mouchoir du cavalier, le mouchoir du fantassin, le mouchoir de l'artilleur, *et cætera*... Y aura-t-il aussi le mouchoir hiérarchique? Mouchoir du sous-lieutenant à un bout, mouchoir du maréchal à l'autre. Peut-être!

Dans tous les cas, j'entrevois, pour le mouchoir-instructeur, des horizons que son créateur lui-même n'a sans doute pas soupçonnés.

En dehors des applications exclusivement militaires, que d'usages divers! Le mouchoir-instructeur doit luire pour tout le monde.

Ici le *mouchoir-parlementaire.*

Pour le président, il contient le règlement tout

entier imprimé en caractères bien lisibles. Un incident se produit. Il y a hésitation. Le président tire son mouchoir, feint d'éternuer dedans et, d'un coup d'œil rapide, consulte l'article dont il a besoin.

Le mouchoir parlementaire peut aussi venir en aide à l'orateur novice.

Il fait imprimer son discours sur toile. Et si la mémoire vient à lui manquer, sous prétexte d'éponger la sueur qui inonde son visage auguste, il reprend le fil de sa harangue, en retrouvant la transition perdue.

Et le *mouchoir-cérémonial!*

Autant de mouchoirs qu'il y a de solennités dans la vie courante :

Le *mouchoir-enterrement*, indiquant les règles à suivre, les paroles bien senties à adresser aux parents, fournissant même, au besoin, l'oraison funèbre à prononcer au bord de la fosse encore entr'ouverte, en feignant d'essuyer ses larmes.

Le *mouchoir-mariage*, avec l'ordre et la marche, les obligations des témoins et des couplets assortis pour le dessert.

Le *mouchoir-baptême*, avec renseignements conformes.

Et ainsi de suite.

Pour la jeune personne qui fait ses premiers pas dans le monde, le *mouchoir-guide*, lui indiquant la façon de se tenir en société, la réponse à faire à l'invitation d'un danseur... que sais-je ?

Le *mouchoir judiciaire* pour le président de tribunal, pour l'avocat, pour les plaideurs... Autant de mouchoirs qu'il y a de sortes de procès, avec articles du code les concernant.

Le *mouchoir - déclaration* pour l'amoureux craintif, donnant des formules variées pour épancher son cœur.

Le *mouchoir*...

Ma foi, l'énumération durerait trop longtemps. Passons.

*
* *

Un homme vient de mourir qui a été le nourrisseur de générations innombrables; il s'appelait Laveur. Il tenait, au quartier latin, la plus ancienne et la plus fréquentée des tables d'hôte. A-t-il laissé des mémoires? J'en doute; et, s'il n'en a pas laissé, c'est vraiment dommage.

Car il aurait pu nous fournir des notes curieuses sur les origines de presque toutes nos célébrités de la magistrature, du barreau, de la politique et de la science.

Parmi ceux qui se sont fait connaître ici ou là, il n'en est guère qui n'aient été les pensionnaires du papa Laveur.

Chez lui on se conformait strictement à la devise hippocratique : on mangeait pour vivre.

Au début, pour soixante francs par mois, l'étudiant, plus riche d'espérances que de récoltes, trouvait son couvert mis matin et soir.

Naturellement, les truffes et le champagne ne brillaient que par une absence perpétuelle sur les menus du bon Laveur, mais il avait tout de même le meilleur des cuisiniers : l'appétit de ses convives.

Ce seul nom va, d'un bout à l'autre de la France, faire battre le rappel des souvenirs au cœur de bien des vieillards à tête blanche, à mine austère.

Ils reverront par la pensée, ces graves docteurs, ces juges solennels, ces députés affairés, ces ministres en retraite, la bohème de la vingtième année; ils entendront bruire à leurs oreilles les gais propos, ricochant d'un bout à l'autre de la tablée joyeuse; ils reconnaîtront dans le lointain la voix de Lisette qui sonnait si franchement le rire.

Ah! s'ils pouvaient revenir s'asseoir, inconnus, pauvres, — mais rajeunis, — devant les assiettes écornées d'autrefois! Comme ils dépouilleraient vite la robe rehaussée d'hermine! Comme ils enverraient au diable le cabinet de consultation et l'opulente clientèle! Comme ils laisseraient là titres, honneurs, décorations! Comme ils troqueraient avec entrain le tout contre le trésor sans rival dont seule la jeunesse a la clé et où elle puise à pleines mains les illusions, une monnaie, hélas! qui n'a plus cours passé trente ans!

Oui, rien qu'à lire ici le nom du papa Laveur, on va fredonner mélancoliquement dans les quatre-vingt-six départements ce couplet du chansonnier :

> Enfin mon humble chambrette
> Était ouverte à tout vent ;
> Mais aussi comme en cachette
> L'Amour s'y glissait souvent !
> Maintenant c'est autre chose,
> Les frimas en sont exclus ;
> Mais la porte est si bien close
> Que l'Amour ne l'ouvre plus !

* *

Est-ce un simple canard qui a pris son vol dans un journal fantaisiste, ou bien l'innovation est-elle vraiment projetée?

On prétend que, pour les audiences de la police correctionnelle, une mesure nouvelle serait adoptée.

D'avance, chaque avocat serait invité à remettre au président une note dans laquelle il aurait à évaluer la durée de sa plaidoirie.

La durée probable, bien entendu, car on ne saurait dire à la marée de l'éloquence :

— Tu n'iras pas plus loin que cette ligne de démarcation.

Mais la probabilité elle-même me paraît bien difficile à établir, si l'on s'en remet à l'avocat. On pourrait — et il y aurait quelque sagesse à le faire, peut-être, — charger le président de dire :

— Maître X..., l'importance de la cause ne nous paraît pas comporter plus de trois quarts d'heure de rhétorique. Donc, maître X..., vous avez la parole pour quarante-cinq minutes.

Mais obliger l'avocat à se doser lui-même, ah! n'y songez pas!

Pour les néophytes surtout, s'avancer devant la barre et donner carrière à sa faconde est une volupté trop intense pour que le parleur ne soit pas invinciblement entraîné à s'écrier :

— J'y suis et j'y reste !

Autant vaudrait contraindre tout de suite les plaideurs à jurer de ne rien dire d'inutile.

Mais c'est ici surtout que s'applique le mot de Voltaire. Le superflu, chose si nécessaire.

Combien ne peuvent reprendre le fil d'un raisonnement qu'après avoir barboté dans les parenthèses ! Allez donc leur faire comprendre que la ligne droite est le plus court chemin de la raison au gain d'un procès !

*
* *

Décidément, canard vole !

Depuis la représentation de *Jack*, un mot a fait son entrée dans la langue courante.

Comptes rendus et chroniques ne parlent plus que des *ratés*. Si le terme est neuf, la chose est singulièrement vieille.

Daudet a changé le nom de baptême de cette espèce, aussi ancienne que la vanité et que l'impuissance.

Naguère ils s'appelaient *fruits secs*, les *ratés* d'aujourd'hui. On pourrait aussi les intituler la *Famille Presque*.

Celui-ci, en effet, est presque écrivain. Celui-là, presque artiste. Cet autre, presque savant. Et ainsi de suite.

De combien s'en faut-il qu'ils aient touché au but? Parfois d'un rien. La *Famille Presque*, vous dis-je.

Rappelez vos souvenirs, et des noms viendront en foule à votre esprit, ainsi que des types.

Vous avez entendu ce ténor, aux débuts pleins de promesses. Il savait chanter. Il avait la voix. Il n'était pas en scène plus gauche qu'un autre.

Que lui manquait-il donc? Le je ne sais quoi qui met hors de pair. Et faute de ce je ne sais quoi-là, il est allé promener à travers les préfectures et les sous-préfectures son *si* qui était presque un *ut,* ses cris qui étaient presque émouvants, ses fioritures qui étaient presque du talent.

C'était une étoile et il gagnait des millions, si... Mais voilà... Il a fini souffleur!

Vous avez lu la première œuvre de ce romancier. On criait déjà au Balzac. Il crut que c'était arrivé. Au second ouvrage, on s'aperçut que l'on s'était trompé. Encore un *Presque !* Il retomba du haut de son rêve de gloire. Il est présentement maître d'étude dans un lycée départemental.

Vous vous rappelez ce Salon de 1875. Oh! oh!... Ce fut presque une révélation, X... fut presque un grand peintre pendant deux mois. Puis l'engouement lui tourna brusquement le dos, lorsqu'il fut constaté qu'on n'avait affaire qu'à un *Presque* du pinceau. Il s'est fait photographe, parbleu!... La photographie, c'est le *presque* de l'art.

C'est de tous les temps et de tous les pays, cela.

Pradon fut le Presque de Racine; Galimard, le Presque de Raphaël; Émile Ollivier, le Presque de Mirabeau; Philippart, le Presque de Law.

O grande famille Presque, tu mériterais pour toi seule cinq actes spécialement dédiés à tes ambitions comiques et à tes déceptions lugubres!

Cinq actes où il y aurait de quoi donner à rire et à pleurer pour tout un soir!

Quelques-uns ont accusé Daudet d'exagération à propos de ses types de déclassés — ou de ratés.

Ce que nous pouvons affirmer, c'est que l'un d'eux tout au moins est pris sur nature. Je veux parler de son docteur Hirr. Ressemblance garantie en ce qui concerne les lubies médicales et en laissant de côté la question d'honorabilité, car le brave garçon dont Daudet a copié les manies scientifiques était, lui, le plus loyal et le meilleur des êtres.

C'était celui que ses amis avaient surnommé Colline, comme le héros de la *Vie de bohême*. Colline, deuxième du nom, non moins original, par ma foi! que le fondateur de la dynastie.

Durant quinze ans, il suivit les cours de l'École de médecine, sans se décider jamais à passer les examens nécessaires pour aboutir, comme on dit en langue parlementaire.

Mais sa toquade était de sauter d'un professeur à un autre, emboîtant toujours le pas aux plus excentriques.

Un moment, il fut un assidu des leçons de Piorry, et ne jura plus que par la *plessimétrie* inventée par celui-ci.

C'est alors qu'il se mit à faire de la géographie sur peau, si l'on peut ainsi parler. Comme le personnage de *Jack*, — mais en opérant directement sur votre corps, — il vous percutait, vous auscultait, puis, avec des crayons de différentes couleurs, vous dessinait la forme et la dimension de vos organes intérieurs. Impossible, à la moindre indisposition, de se soustraire à ce tatouage amical.

La médecine d'amateur était d'ailleurs sa passion.

Une passion allant jusqu'à la frénésie.

Il me souvient, — et Daudet doit se le rappeler aussi, — que l'auteur de *Jack*, à une certaine époque, avait une femme de ménage chargée de faire, tant bien que mal, de l'ordre avec le désordre de son appartement de garçon.

La bonne vieille tomba malade.

Colline II survient sur ces entrefaites. Il apprend la nouvelle, et avec un accent dont aucun acteur ne saurait reproduire l'énergique convoitise :

— Oh ! donne-moi-la ! dit-il à Daudet.

Ce *donne-moi-la !* est un de ces cris du cœur qui ne s'inventent pas.

Le docteur Hirr me l'a remis en mémoire.

*
* *

Un rendez-vous de curiosité parisienne, — a été la vente Édouard Fournier.

Comme, en effet, ils vont vite, les pauvres trépassés!

Édouard Fournier tint, — et pendant de bien longues années, — une place en évidence dans la critique et dans l'érudition cherchée.

Il avait l'investigation subtile et le flair clairsentant, s'il est permis de dédier ce néologisme à sa mémoire.

Il suivait les raretés bibliographiques à la piste, comme d'autres suivent les bibelots. C'était donc toute sa vie, pour ainsi dire, qu'on étalait sur la table d'enchères.

Je ne sais rien de plus navrant que cette dispersion posthume, surtout quand il s'agit de livres.

Lorsque ce sont des meubles ou des bijoux, il y a plus large part pour le domaine public. Mais les livres d'un bibliophile forment en quelque sorte une famille. Côte à cote, sous le régime de la communauté intellectuelle, ils ont vécu pendant de longues années, veillés par le tendre regard de leur second père. Combien de sollicitude celui-ci n'a-t-il pas dépensée ! Comme il savait les choyer, les dorloter, les caresser de l'œil et de la main !

Ils s'étaient habitués à la quiétude de la bibliothèque hospitalière. Il semble que dans le silence des mornes nuits ils devaient échanger entre eux de longs chuchotements familiers.

Puis un matin, le déménageur brutal arrive. Sa rude poigne vous prend, sans souci ni précaution, ces pauvrets, accoutumés à tant d'égards ; elle vous les bouscule, vous les entasse, vous les rudoie.

En route pour l'encan !

Là, une épreuve plus cruelle encore les attend. C'est l'heure inattendue de la séparation.

Ces amis de vingt ans, ces compagnons de rayon pour qui l'habitude de voisiner était si douce, sont emportés au hasard de la mise à prix. J'imagine qu'ils se disent tout bas, — et sans que l'oreille humaine les puisse entendre, — de courts, mais désespérés adieux.

Qui sait avec qui les accouplera un nouveau maître ! A quelles promiscuités ne sont-ils pas exposés, eux, les privilégiés du foyer paisible et protecteur !

Jamais on ne sent mieux combien profond est le mot du poète : *Habent sua fata libelli!*

Chez Édouard Fournier, ils avaient rang d'amis. Chez le marchand, ils ne seront plus qu'une denrée à l'étalage, ou chez le parvenu qui veut faire montre de littérature, qu'un accessoire de comédie.

Que si les morts voient de l'autre monde ce qui se passe en celui-ci, l'ombre de ce brave et patient Édouard Fournier a dû contempler avec angoisse la séparation de ses bouquins aimés !

Ils représentaient toute une existence de labeur et de découvertes. Car c'était un Christophe Colomb en chambre que ce dépisteur.

Je vois encore son petit œil caché sous ce front monumental qui était à lui seul les trois quarts de sa figure. Le dôme des Invalides sur un entresol, avais-je dit jadis de lui.

Je le vois encore sur le quai maniant et remaniant les détritus de la case à cinq sous. La seule où il y eût encore chance de trouvailles inespérées.

Soudain, il tombait en arrêt... Cette liasse de papier jauni que le bouquiniste avait méconnue, c'était pour lui un trésor sur lequel il fondait avidement.

Et d'un pas alerte il se sauvait, — comme s'il eût emporté le produit d'un larcin, et grimpait quatre à quatre l'escalier de la rue des Saints-Pères en haut duquel il nichait, satisfait de la bien modeste aisance qui lui permettait ces plaisirs de dilettante.

C'est fini... Ils sont partis maintenant dans toutes les directions, ces camarades de pensée.

Rien de ce que l'homme édifie n'est fait pour subsister.

*
*

Quand la Mode a parlé, chacun doit obéir.

Ce médiocre vers de feu Viennet a raison toujours. Mais ce n'est pas seulement chacun qui obéit, c'est aussi et surtout chacune.

Si vous voulez vous en convaincre, veuillez vous rendre un de ces matins dans le lointain quartier de la Sorbonne.

Ce lointain n'empêche pas que vous verrez s'arrêter, à la queue leu-leu, devant les marches dont je parlais, des équipages armoriés, desquels descendront, une à une, des dames aux élégances recherchées.

Toutes s'empressent de gravir le modeste perron avec une hâte qui semble craindre de ne plus trouver de place. Et en effet, à l'intérieur, une assistance triée sur le volet a déjà envahi les sièges.

S'agit-il donc d'un spectacle mondain ? Point. On va disserter sur la philosophie.

C'est ainsi, sur ma parole.

Vous seriez-vous douté que tant de philosophisme entrât dans les préoccupations féminines ? La Mode, vous dis-je !...

Cette Mode a décrété que le cours de M. Caro était par excellence, pour le moment, un rendez-vous de bonne compagnie. On se doit de ne pas manquer à ce rendez-vous-là.

Rien de plus curieux que le contraste de ces frou-frou et de ces murs austères, de ces frais visages et de ces graves sujets, de ces propos futiles et de ces doctes conférences sur le *moi* et le *non moi*. Rien de plus curieux que le piquant pêle-mêle des conversations qui précèdent l'ouverture du cours.

— Étiez-vous hier au bal de la baronne ?

— Oui... charmant... des toilettes délicieuses... Le cotillon n'a fini qu'à deux heures et demie. Mais je n'aurais, pour rien au monde, voulu manquer la leçon d'aujourd'hui. Vous savez que c'est de Kant qu'il va être question.

— Avez-vous assisté à la reprise du *Mariage d'Olympe* ?

— Non.

— C'est vif, mais que d'esprit !... Comment avez-vous trouvé sa dernière séance sur le libre arbitre ?

— Merveilleuse !... Quel talent !

Tout à coup le silence s'est fait. Le professeur est entré, salué par de sympathiques bravos... Il jette ses gants avec désinvolture, envoie des sourires çà et là !... Et le chroniqueur n'a plus qu'à céder la plume au sténographe.

Mais il y a là, je vous assure, un coin de tableau parisien bien particulier et fort digne d'une visite ; je le recommande spécialement aux peintres inquiets de modernité.

La toile originale que ce serait, si le pinceau d'un Duez ou d'un Jean Béraud voulait s'en mêler ! Cet assaut d'aristocraties et d'élégances dans ce milieu sévère ; cette opposition entre le local à la nudité imposante et le brouhaha raffiné de ces velours, de ces fourrures, de ces soies, de ces frivolités recueillies pour la circonstance!

Allons! qui prend le pinceau ? Je garantis un succès au Salon prochain !

*
* *

J'avoue que, pour ma part, je préfère encore les femmes philosophes aux femme d'État, dont la spécialité semble renaître et se multiplier.

Il n'est bruit, en effet, que de salons politiques depuis quelque temps.

Serait-ce la brochure de Dumas qui a produit son effet ?

La femme d'État, à mes yeux, aura toujours un tort originel. Du jour où elle entre en fonctions, elle se virilise — et cesse, par conséquent, d'être femme.

Au-dessus de toute jolie tête qui s'avise de politique plane le turban de Damoclès dont fut coiffée Mme de Staël.

Avoir cette heureuse chance de n'être pas forcée de se mêler à ces irritantes critiques, à ces débats amers, et aller volontairement au-devant des soucis et des responsabilités, quel goût étrange !

M. Villemain, — un des plus vrais spirituels que la France ait produits, — M. Villemain, qui se consolait d'avoir un peu la figure d'un singe en en ayant la malice, fit un jour à une femme d'État une réponse bien fine.

Celle-ci — fort jolie, ma foi — était entrée dans une conversation où l'on traitait de je ne sais plus quelle grosse question à l'ordre du jour. Et voilà qu'elle se passionnait, qu'elle pérorait, qu'elle argumentait !...

M. Villemain restait silencieux. Ce silence piqua l'oratrice qui, à brûle-pourpoint :

— N'ai-je pas raison, monsieur le ministre ?

— Excusez-moi, madame, je ne sais pas regarder et écouter à la fois.

Impossible de donner une leçon avec plus de délicatesse.

*
* *

Feu le comité de lecture du théâtre de l'Odéon a revu le jour en vertu d'un arrêté ministériel.

Il y a longtemps qu'il avait trépassé, par ma foi ! Vingt ans au moins, — précédé dans la tombe par divers autres comités analogues, empilés dans les théâtres de genre, notamment au Vaudeville.

Seule, la Comédie-Française avait conservé cette antique tradition qu'on pouvait croire tombée en désuétude. On se trompait, puisque voici un renouveau.

Quatre membres seulement composent le comité restauré :

MM. de la Pommeraye, Michel Masson, Stupuy et Nus.

A mon très humble avis, les comités de lecture n'ont jamais donné que des résultats... ma foi, je risque le mot... que des résultats ridicules.

Les gros bonnets ne passent par cette épreuve que pour la forme. Par exemple, il est d'avance convenu, lorsque Dumas lit une pièce aux Français, que le blackboulage est impossible.

Au contraire, s'il s'agit d'un inconnu, les comités ont des dédains préconçus qui ne mènent à rien de bon.

On écrirait un volume d'une épique drôlerie, si l'on faisait l'histoire des comités variés qui ont, précisément à l'Odéon, fonctionné avec intermittence.

Et quels noms inattendus on trouverait sur ces listes !

Un moment, par exemple, savez-vous qui fit partie du comité de lecture de l'Odéon? M. Boulay (de la Meurthe), vice-président de la République en 1848. Comme, d'une part, sa vice-présidence lui laissait d'immenses loisirs, puisqu'il n'avait absolument rien à faire, et que, d'autre part, il habitait, tout près de là, un hôtel de la rue de Vaugirard, on lui proposa cette bizarre distraction.

Il en était tellement ravi que jamais il ne s'avisa de donner une boule noire à personne, cet excellent homme !

C'est en sa présence qu'Adolphe Dumas lut je ne sais plus quel drame ruisselant d'inouïsme et prodigieux de longueur.

La lecture commença à huit heures du soir. A deux heures du matin, on n'était pas à la moitié du manuscrit.

Ce qui allongeait singulièrement la chose, c'est qu'Adolphe Dumas, entre chaque tableau, éprouvait le besoin de changer de gilet de flanelle.

Il en avait apporté une douzaine !

Le tableau achevé, il passait derrière un paravent qu'il avait installé *ad hoc*, et, là, procédait à la mutation préservative.

Dame ! au sixième tableau et au sixième gilet, — il était, comme je l'ai dit, deux heures du matin, — lorsque le lecteur reparut, séché et invaincu, il fit un bond.

Le comité de lecture tout entier avait profité traîtreusement du moment où il opérait derrière le paravent protecteur pour faire une retraite éperdue.

Un seul membre était resté à son poste, fidèle, inébranlable.

Celui qui n'avait pas bougé... c'était justement ce bon M. Boulay de la Meurthe. Mais il avait sa raison pour cela. Il dormait depuis qu'il était arrivé.

Si bien que, lorsque Adolphe Dumas le réveilla pour lui faire part de son indignation, M. Boulay de la Meurthe lui demanda avec candeur :

— Eh bien... va-t-on commencer ?...

Il ne manquera d'ailleurs pas de besogne, le comité de lecture du théâtre de l'Odéon.

A l'heure qu'il est, M. de La Rounat a déjà en main deux cents pièces en quatre ou cinq actes et cent pièces en un acte... Et l'on prétend que l'art dramatique est dans le marasme !

Il est vrai que, parmi ces manuscrits, il en est dont l'insanité suffirait pour mener tout droit leur auteur à Charenton ou à Sainte-Anne, si le docteur Lassègue ou le docteur Legrand du Saulle y fourraient le nez.

Un dramaturge incompris, entre autres, a envoyé une pièce qui porte pour titre :

L'Adultère sous les Tropiques !!

Un second :

Un amour de Jeanne d'Arc !!!

Un manuscrit est écrit d'un côté en vers, de l'autre en prose, avec cet avis de l'envoyeur :

« La direction est priée de choisir celle des deux formes qui lui agréera le mieux. Au besoin, elle pourrait encore représenter la comédie un jour en vers et le lendemain en prose. »

Après cela, il faut tirer l'échelle.

En dehors, du reste, de ces cocasseries fantastiques, il paraît que rien n'est navrant comme l'indigence de presque toutes ces œuvres, sur lesquelles tant d'espérances ont été échafaudées, hélas !

Ce pauvre comité de lecture va en voir de cruelles !

Honneur au courage malheureux !

*
* *

Un moraliste ingénieux a dit :

— Celle qui pense à se faire désirer ne sait plus se faire aimer.

Vérité absolue.

L'homme commençant par la vie de garçon et la vie de garçon, à notre époque, traversant presque fatalement les étapes de la fantaisie, la femme honnête qui cherche à captiver par les mêmes procédés que la cocote, se réduit elle-même au rôle sacrifié et humiliant de doublure.

Elle fait dire forcément :

— Mais j'ai vu mieux jouer ce rôle quelque part.

De là à retourner à ce quelque part, il n'y a qu'un pas, un faux pas. Ce sont ceux-là qui se font le plus vite.

Pouvoir être le dévouement et vouloir n'être que le caprice ! Comment peut-on ainsi aspirer à descendre ?

Pouvoir attacher par le devoir et chercher à griser par le plaisir ! Aberration mesquine !

**

C'est par la réforme de la toilette qu'il faudrait

commencer pour arriver à la réforme des caractères. L'habit ne fait pas le moine, mais il influe sur lui, croyez-le bien ! Quand on s'est mis un uniforme sur les épaules, on sent qu'on a endossé en quelque sorte le patriotisme.

De même pour le mal. Les audaces de robes sont cousines germaines des audaces de langage et des audaces de conduite.

Je sais bien que je tire ma poudre aux moineaux; mais les vérités sont toujours bonnes à dire, ne dussent-elles être entendues que par une seule personne.

Ceux qui devraient écouter, en pareille matière, ce sont les maris surtout. Ce sont eux qui, par leur acquiescement tacite, ou même par un sourire approbateur, ont encouragé les déraisons. Ce sont eux qui font office d'aiguilleurs dans le ménage. A eux donc la responsabilité des déraillements.

Il ne s'agit pas d'entonner à nouveau le suranné cantique de sainte Mousseline, psalmodié dans la *Famille Benoiton*.

Qui demande trop n'obtient rien.

Mais entre la mousseline bébête, démodée, archaïque, et les fanfares, les panaches, les flamboiements de la tenue actuelle, il y a la place du vrai comme il faut.

Cette place-là ne sera-t-elle plus gardée bientôt que par une croix funèbre avec l'inscription : *Ci-gît ?*

*
* *

Faut-il inviter Thalie à se voiler la face et Melpomène à revêtir des habits de deuil?

L'événement en vaudrait la peine, après tout, car c'est une originalité parisienne qui disparaît.

La salle de la Tour-d'Auvergne cesse de donner asile aux représentations d'élèves auxquelles présidait M. Talbot.

Il ira porter ailleurs ses expériences, M. Talbot; mais ailleurs n'est pas la Tour-d'Auvergne. Elle était faite pour les débutants, cette salle, et les débutants étaient faits pour elle.

O souvenirs du passé, que de comiques épisodes vous fourniriez à une monographie!

Je parle du temps où le théâtre de la Tour-d'Auvergne était spécialement, uniquement voué aux *parties* (c'est le nom technique) organisées par des compagnies d'amateurs ou d'écoliers. On vit là-dedans des choses qui reculent les frontières de l'invraisemblance. Certaines soirées furent des poèmes de burlesque. Toute ma vie je me rappellerai une séance où Blanche d'Antigny s'essaya dans la tragédie.

Oui, la tragédie par la joyeuse fille que l'on sait.

On a de ces idées biscornues quand on est jolie femme et capricieuse. Blanche, d'ailleurs, cherchait encore sa voie et ne la trouvait guère.

Toujours est-il qu'elle avait organisé cette représentation sans précédents avec quelques cabotins sans ouvrage.

A l'orchestre, aux galeries, un public de petitscrevés (c'était le nom d'alors) et d'artistes du quartier.

Vous pensez si l'on était disposé à s'en donner. Et on s'en donna.

Mais le moment culminant fut le moment du songe. Blanche était couchée sur un vieux divan, — ô couleur locale! — en reps rouge qui faisait, avec les *peplums* d'alentour, un singulier contraste.

On fait la nuit. Mais trop. Le gaz de la rampe s'éteint. Blanche, troublée, commence à patauger, à rester court. On rit; on interpelle. Elle ânonne de plus belle.

Alors, de son trou sort le souffleur qui lui porte obligeamment le manuscrit de la pièce et une bougie allumée.

Non! Ce que cette entrée imprévue provoqua de folles hilarités et d'incroyables délires!

Nous ne reverrons plus ces insanités douces à la salle de la Tour-d'Auvergne, devenue un petit théâtre bourgeois, auquel s'abonnent les boutiquiers voisins, qui prennent encore au sérieux le hoquet du vieux mélodrame.

II

HOMMES

II

HOMMES

Vous avez pu lire, — tout comme moi, — aux quatrièmes pages, une annonce mystérieuse et largement développée.

Rien qu'un nom en lettres énormes, tenant un quart de page. C'est la nouvelle méthode américaine.

Le nom d'abord. L'explication vient apres, lorsque l'énigme a bien surexcité la curiosité du badaud. Mais en Amérique on va plus loin.

L'an dernier, un industriel imagina ceci :

Il fit paraître un jour, dans les principales feuilles des États-Unis, une annonce qui tenait page entière. L'annonce ne comportait qu'une seule lettre, une majuscule de taille gigantesque.

Trois jours après, seconde page avec deux lettres cette fois. Puis troisième page avec trois.. Et ainsi de suite.

Il fallut deux mois pour avoir le premier mot complet. Il n'expliquait rien. La scie continua.

De quoi s'agissait-il? On engagea des paris. Dans les rues, dans les salons, partout on ne parlait que de la fameuse annonce, dont le secret était rigoureusement gardé, du reste.

Quand on eut la clé de l'énigme, le produit, — une variété de chaussure en caoutchouc, — se trouva célèbre et l'exploitant fit fortune.

Mais il avait commencé par risquer cinq cent mille francs sur cette plaisanterie.

Nous n'en sommes pas encore à ce degré d'audace aventureuse.

*
* *

Un fait assez bizarre s'est produit devant la commission du budget des beaux-arts.

M. Vaucorbeil, en exposant ses griefs, a déclaré que le Conservatoire ne lui fournissait plus de recrues nouvelles parce qu'il faisait une part trop exclusive, dans l'organisation de ses études, aux classes de comédie.

M. Perrin a dit à peu près la même chose, — mais en sens absolument contraire. Les études lyriques lui paraissent, à ce même Conservatoire, se faire trop envahissantes, au détriment des travaux littéraires.

Diable! comment concilier ces deux opinions si diamétralement opposées?

Et cependant, sur un point, les deux directeurs ont raison à la fois.

Il y a pénurie pour l'un, tout comme il y a disette pour l'autre.

Mais est-ce bien la faute du Conservatoire?

Le regard de M. Ambroise Thomas n'a pas, — quoi que Boileau ait pu dire, — le pouvoir d'enfanter des génies. Et aucun autre regard n'aurait ce pouvoir-là.

Les professeurs actuels, — soit dans les classes de chant, soit dans les classes de déclamation, — valent tout autant que leurs devanciers. Ils mettent autant de soin qu'eux à préparer les élèves.

C'est la production même, — comme on dit en langue de sport, — qui est inférieure en qualité.

Il y a aussi une raison de décadence que j'ai signalée déjà, et qui s'aggrave d'année en année. Nombre de jeunes gens et de jeunes filles sont découragés par l'incertitude d'un avenir plus ou moins problématique.

Le grand ressort de l'émulation est brisé.

C'était la province qui servait de pépinière à l'avenir, et la province n'existe plus pour les artistes. Chaque année voit se fermer les dernières scènes sur lesquelles pouvaient se produire les novices qui avaient besoin de mûrir.

On ne chante plus l'opéra que dans trois ou quatre villes.

De plus, les troupes nomades qui colportent les pièces en vogue font aux troupes sédentaires une concurrence contre laquelle il leur est impossible de lutter.

Cela étant, comment voulez-vous que l'épouvante n'arrête pas les plus intrépides au seuil d'une carrière murée?

Comment voulez-vous que les jeunes, que le premier élan entraînerait vers le Conservatoire, ne se disent pas :

— Quelle folie vais-je commettre?... Il n'y a à Paris que deux ou trois places en évidence à prendre sur les grandes scènes. Or, ces places, nous serons cent à nous les disputer. Que deviendrai-je, si je ne passe pas étoile du premier coup? C'est la misère, c'est le désespoir. C'est la vie nomade, promenant ses angoisses dans les pays lointains, à travers les fièvres jaunes et les choléras de l'Amérique du Sud? C'est le *Roman lugubre* succédant au *Roman comique*. C'est la faillite d'une direction nous laissant sans ressources à deux mille lieues de la patrie! C'est la mort affreuse sans un parent à son chevet, ou la vie lamentable, traînée de privations en déceptions...

Je ne charge pas le tableau. Il est cruellement ressemblant, hélas !

Et l'on s'étonne que le Conservatoire soit frappé de stérilité dans de pareilles conditions.

Ce qui m'étonne, moi, c'est qu'il se trouve encore des intrépides qui persistent, en face de tant de ruines amoncelées.

* *

Rien de sot et surtout rien de banal comme de déclamer contre la corruption de son temps.

Le *laudator temporis acti* est un type de radoteur qui a traîné partout depuis Horace, lequel pourtant ne l'avait pas inventé.

Cependant il faut bien se rendre à l'évidence, et l'évidence, aujourd'hui, a des constatations navrantes. On a vu récemment l'orgie de malpropreté à laquelle s'est livrée une presse de carrefour. Je ne parle pas des saturnales naturalistes — style Prud'homme — qui accaparent le roman.

Le théâtre est atteint à son tour.

La formule : « On n'a que les spectacles qu'on mérite, » est toujours vraie ; mais c'est justement pour cela qu'il y a lieu de s'affliger, parce que l'on est amené à se dire :

— Tel art dramatique, tel peuple.

Un critique de grand format s'en prenait, l'autre jour, au public et innocentait les auteurs. Il est certain que, s'il n'y avait pas de consommateurs pour certaines gravelures, il n'y aurait pas de producteurs. Mais, pour ne pas être neuve, cette La Palissade ne semble guère consolante.

Si l'on veut se rendre compte de la dégringolade du jour, on n'a qu'à se livrer à un petit exercice, dont je vous recommande la pratique. C'est édifiant.

Prenez deux ou trois des pièces d'autrefois

qui passèrent, en leur temps, pour des audaces sans pareilles, puis comparez-les avec les dernières productions qui ont été applaudies fougueusement soit aux Nouveautés, soit à l'Athénée. Vous serez renseignés tout de suite sur l'étiage de notre décroissance.

Voilà par exemple la *Sensitive*, de ce charmant esprit qui a nom Labiche. C'est plein, si vous voulez, de sous-entendus périlleux et croustillants; mais il y a sous-entendu. Avec quelle finesse, avec quelle légèreté, avec quelle malice les difficultés sont tournées, les brutalités esquivées!

Pas un mot qui choque. On peut mettre la *Sensitive* sous les yeux d'une ingénue. Elle n'y comprendra rien de mal.

Aujourd'hui, au contraire — et c'est là que se souligne notre dépression, — aujourd'hui ce sont les détails d'une physiologie malsaine qui sont étalés, mis en lumière, accentués par la crudité de l'expression.

On en arrive à se demander ce que pourront bien être forcées d'entendre, sans broncher, les femmes, les mères, les sœurs de nos descendants.

Et ce n'est pas seulement sur les scènes de fantaisie que cette recherche du faisandé se donne carrière. La Comédie-Française ne nous a-t-elle pas montré, dans la *Princesse de Bagdad*, une épouse travaillant, sous le feu de la rampe, à se donner la tenue — ou plutôt le déshabillé — de l'adultère ?

Ah ! nous allons bien !

* *
*

Voici pourtant qu'une tentative est faite pour nous ramener aux madrigaux.

Réussira-t-elle ?

On cherche à implanter dans les salons la mode des éventails-albums.

Le mot ne vous explique pas suffisamment la chose. Je vais lui venir en aide. L'album du vieux jeu était tombé dans une déconsidération telle, qu'on n'osait presque plus tendre cette sébille, dans laquelle c'étaient le plus souvent des pauvres qui faisaient l'aumône.

Que de fadaises, en effet, pour une pensée délicate! Que de mirlitonnades pour un quatrain galamment troussé!

Si bien qu'on avait fini par se dégoûter de ces jeux de la niaiserie et du hasard. Mais tout n'est que formule en ce monde. Faire la même chose d'une autre manière, c'est l'innovation.

On a donc imaginé ceci:

On fabrique des éventails en simple parchemin, en parchemin immaculé. Rien de séduisant au premier abord. Attendez. Tout dépend de ce qu'on mettra dans ce corbillon.

L'éventail est en effet présenté successivement à tous les assistants qu'on suppose, dans la réunion, capables d'avoir quelque spontanéité dans la verve, quelque originalité dans l'improvisation.

On a soin naturellement de choisir de préférence ceux qui peuvent ajouter à cela un nom connu :

L'*éventail-album* est ainsi enrichi (?) promptement d'une série d'autographes qui, selon leur valeur, en peuvent faire ou un très précieux recueil ou un galimatias parfaitement ridicule.

Déjà cette récréation nouvelle a été essayée dans une vingtaine de salons littéraires — ou à peu près. Elle a donné des résultats panachés.

Dame ! vous comprenez !... Au début, on est tout à fait pris au dépourvu, et il faut payer avec ce qu'on a de monnaie sur soi.

Mais soyez tranquilles, si la mode prend, chacun aura soin de se munir, au départ, de quelques improvisations habilement préparées dans le silence du cabinet...

    Ayez toujours de l'esprit dans vos poches :
    On ne sait pas ce qui peut arriver.

J'ai parcouru, — est-ce le mot ? — deux

éventails-albums. J'y ai trouvé quelques boutades amusantes.

Un vaudevilliste connu y avait écrit :

« Je connais un mauvais poète qui se dédommage de la sottise de ses vers en les faisant faux. On ne peut du moins l'accuser de mettre les pieds dans le plat. »

Plus loin cette spirituelle réflexion féminine :

« Comme ils sont gros, tous les péchés que nous n'avons pas commis ! »

Au-dessous, la signature d'une de nos romancières en vogue.

Un financier célèbre, mis aussi à contribution, s'en est tiré par cette phrase :

« On me demande de payer mon écot. Ma caisse ferme à quatre heures. »

Pas mal, pour un homme dont ce n'est pas la profession.

Allons ! je crois que l'éventail-album est capable de faire son chemin dans le monde — et même dans le demi-monde !

※
※ ※

Le Vaudeville ayant eu l'idée de reprendre la *Princesse Georges*, le souvenir de cette pauvre et admirable Desclée a été remis en vedette, à cette occasion, par la publication de quelques très curieuses lettres que Dumas lui écrivait pendant les répétitions de l'ouvrage.

Quelle étrange figure d'artiste ce fut là! Quelle carrière plus étrange encore!

On parlait un jour devant Augier d'un écrivain qui, très médiocre jusque-là, s'était soudain, sur le très tard, révélé dans une œuvre du plus haut mérite.

— C'est une nèfle, dit-il. Il n'a mûri que l'hiver.

Desclée n'était pas encore à son hiver lorsqu'elle démasqua tout à coup ce talent primesautier, puissant, sincère, qu'on avait si longtemps ignoré. Mais elle touchait presque à son automne.

Jusqu'à cette subite éclosion, elle avait été la petite Desclée dédaignée en France, puis la nomade Desclée à laquelle on croyait que l'étranger faisait des succès de province.

Tout à coup transformation éclatante!

Je n'ai jamais, pour ma part, entendu aucune comédienne qui m'ait donné à un aussi vif degré qu'elle l'impression de la réalité vécue dans la fiction.

Que c'était éloquent sans rhétorique! Pénétrant sans déclamation! Hélas! combien court aussi fut l'enivrement!

Avec une ironique cruauté, il sembla que le destin nous disait :

— Maintenant que je vous l'ai fait connaître et aimer, je vous la reprends.

Le public n'a jamais su complètement ce qu'avait été l'agonie cruelle de cette femme merveilleuse. Nous avions, nous, pour nous distraire de cette perte, tous les mille riens de la vie courante, tous les incidents de chaque jour.

Mais elle? En tête-à-tête avec ses lauriers si tôt fanés! Avec ses espoirs si soudainement déçus! Ce fut un horrible combat; avoir touché le but et défaillir alors que l'avenir semblait ouvert à toutes les ambitions!

Avoir mis le pied dans la terre promise et tomber! Il n'y a pas de supplice comparable à celui qu'elle endura ainsi.

Un de ses amis me contait qu'un matin, dans la dernière période de cette maladie contre laquelle elle luttait désespérément, il la surprit sur son lit, baignée de larmes, éperdue, sinistre.

Elle n'avait pas eu le temps — comme à l'ordinaire — d'effacer les traces de ses larmes.

En se voyant surprise:

— Pardonnez-moi, fit-elle..... *Je me disais adieu.*

Puis, d'un geste d'héroïque effort, elle essuya ses yeux; un sourire contracté apparut sur ses traits hâves. Et elle reprit le manuscrit d'un rôle qu'elle étudia jusqu'au bout pour se faire illusion à elle-même, car elle savait bien qu'elle ne pouvait pas faire illusion aux autres !

Ce « *Je me disais adieu !* » est affreux de poignante concision et de douleur concentrée.

Pauvre Desclée !

Qui l'a vue ne l'oubliera jamais.

* * *

Savez-vous ce que c'est que d'*avoir le rouleau?* Peut-être cette expression est-elle pour vous lettre close. Ah ! je vous en félicite, car votre ignorance prouve que vous n'habitez pas une des rues que la civilisation moderne prétend avoir dotées des bienfaits du macadam.

Sans quoi, hélas ! vous ne sauriez que trop ce que l'expression *avoir le rouleau* veut dire.

Vous n'êtes pas cependant sans avoir aperçu au coin d'une de nos places, où ils dorment dans la journée, un de ces mastodontes de fer qui ne se mettent en mouvement que lorsqu'a sonné minuit, l'heure des crimes. Ce mastodonte, c'est le rouleau. C'est lui qui, de minuit à sept heures du matin, passe et repasse sous la fenêtre des infortunés assez téméraires pour s'être établis tout le long, le long des voies à macadam. C'est lui qui passe hachant, soufflant, toussant, crachant, écrasant, faisant tapage d'enfer et imposant au voisinage un supplice non prévu par Dante.

Encore autrefois procédait-on avec quelque rapidité et la bête apocalyptique parcourait-elle d'une étape des centaines de mètres. Mais à présent, — raffinement ingénieux d'une cruauté féroce,—à présent, elle fait sa besogne torturante à la petite journée, — je me trompe, à la petite nuit. Elle remet sur chantier vingt fois son ouvrage, comme Boileau le conseille. Elle travaille par petites tranches abominablement économisées.

Voilà sept nuits de suite que je vis dans l'intimité de ce monstre odieux.

Et vous croyez qu'il ne serait pas permis d'intenter à la Ville un procès pour vacarme nocturne !

N'y a-t-il pas des ingénieurs dont c'est le métier de trouver des perfectionnements et de rendre silencieux ces outils-là ? Ou bien alors cherchez une autre méthode, car c'est de la sauvagerie pure que cette diabolique façon de confisquer le droit au sommeil des pauvres gens.

Quand on pense qu'on nous dépeint comme un peuple impossible à gouverner, et que nous subissons, sans mot dire, des vexations aussi insensées !...

**

Plus de semaine sans scandale.

On a donc, — selon une formule qui devient

trop connue, — expulsé d'un cercle des Grecs qui n'avaient rien de commun avec MM. Tricoupis et Comoundouros.

Cette Grèce spéciale ne cause, du reste, pas moins de tribulations que l'autre, et ses exploits aventureux donnent une fière tablature aux surveillances environnantes.

Cette fois, il paraît qu'un des gérants du cercle — dernier mot du perfectionnement — était parmi les tricheurs.

Il faut bien le dire, d'ailleurs, la tricherie n'est pas d'invention moderne. La *Belle Hélène* ne nous montrait-elle pas le grand-prêtre Calchas pipant les dés sans vergogne ?

Inutile de remonter si haut. Au début de ce siècle, la tricherie florissait dans les salons les plus dorés.

Un joli mot nous est même resté à ce propos.

On l'attribue à Talleyrand.

Le célèbre homme d'État avait, dans son intimité, un aimable vaurien qui l'amusait par ses boutades et par son débraillé même.

L'aimable vaurien — entre autres défauts —

était effroyablement et effrontément joueur. Je dis *effrontément,* parce qu'il ne craignait pas de réformer les caprices de la Fortune, comme disait un euphémisme d'alors.

Un jour, notre homme se laisse pincer tout ce qu'il y a de plus *flagrante delicto.*

La main dans le sac!

Il essaye de nier. On le happe, et comme c'était à la suite d'un souper copieusement arrosé, les assistants échauffés vous l'empoignent et vous le flanquent par la fenêtre du premier étage dans la rue.

Il se casse une jambe dans la chute.

Le lendemain, Talleyrand, qui avait eu vent de l'aventure, va voir le malade ·

— Et bien ! j'en ai appris de belles !

— Ah ! mon prince !

— C'est indigne.

— Je suis assez puni.

— Au moins, j'espère que la leçon te profitera et que tu es corrigé pour toujours.

— Corrigé ! Corrigé ! Je ne peux pas promettre cela... C'est plus fort que moi.

— Et bien ! au moins, pendard, *à l'avenir ne joue plus qu'au rez-de-chaussée !*...

On est présentement de plus facile composition, et les croisées restent closes. Tout au plus — tant certains établissements ont peur d'attirer dans leurs affaires l'attention de la justice — inflige-t-on une douce correction aux délinquants, qui sont à peu près sûrs de n'être pas autrement inquiétés.

Ne serait-il pas temps de mettre un terme à ces encourageantes impunités ?

*
* *

Charles Monselet a lancé dans la circulation une idée qui mériterait de faire son chemin.

Monselet propose de fonder une scène nouvelle, qui prendrait le nom de *Théâtre d'appel*.

L'intitulé dit la chose.

Il s'agirait, pour ce théâtre, de se faire un répertoire avec toutes les pièces qui ont eu jadis des fours retentissants, et d'inviter le public à reviser ses jugements, trop souvent prononcés sans connaissance de cause.

Ce n'est pas seulement à des années d'intervalle que les verdicts du jury dramatique sont sujets à contradictions. Je prétends que la même pièce, rejouée devant un autre parterre seulement à un mois, que dis-je, à quinze jours de distance, aurait très souvent des destins absolument contraires.

Tel qui a été élevé serait abaissé. Tel qui a été abaissé serait exalté.

Cela tient à tant de causes fortuites et risibles, la mort ou le succès d'une première !

Je l'ai démontré déjà par une analyse minutieuse. La vérité de la démonstration reste vraie plus que jamais, à notre époque de nervosité et de caprice.

Le moindre incident, se jetant soudain à la

traverse d'une représentation, en change brutalement la face. L'écho de tel ou tel événement extérieur peut, par une allusion, avoir un contre-coup ou funeste ou heureux.

Ce n'est pas tout.

Il faut compter encore et principalement avec les dispositions personnelles de chaque spectateur. Si c'est une saison de grippe, tous les enrhumés arrivent maussades, quinteux, prêts à tout trouver exécrable.

Si la direction imprudente a trop mis de charbon dans ses calorifères, les auditeurs, suffoqués et surchauffés, sont incapables d'indulgence et saisissent le plus léger prétexte pour exhaler leur mauvaise humeur.

Un dîner mal digéré, une querelle de ménage ont aussi une influence décisive sur les dispositions individuelles.

Ah! oui, certes, si l'on recommençait, tout pourrait changer de face.

Avec le *Théâtre d'appel* rêvé par Monselet, les conditions seraient autres. Le temps écoulé ferait place nette et aurait passé l'éponge sur l'ancienne impression. Et alors, qui sait? Peut-être *Henriette Maréchal* serait-elle couverte d'applaudissements. Peut-être ferait-on une ovation à *Gaétana*. Peut-être telle œuvre, jouée deux fois seulement, s'offrirait-elle la vengeance de cent belles représentations remplissant la caisse.

En tout cas, la chose serait à tenter.

**

L'Académie française — saviez-vous cela? — est fort embarrassée...

L'embarras des richesses.

Entendons-nous. Rien de plus pauvre qu'elle personnellement. L'allocation de chaque immortel est de douze cents malheureux francs, sur lesquels s'opère une retenue annuelle de deux cents francs. Soit un pauvre billet de mille.

C'est maigre assurément.

Si maigre qu'à diverses reprises on a manifesté l'intention de hausser le prix de l'immortalité. L'autre jour encore, dans un déjeuner de réception académique, M. Jules Grévy en parlait à M. Camille Doucet. Seulement il y a un *hic*.

Quarante académiciens à trois mille francs pièce, ce ne serait pas bien ruineux pour le budget. Mais attendez... L'Institut se compose de cinq classes. Les quatre autres n'auraient naturellement rien de plus pressé que de réclamer la même augmentation, et tout de suite le million serait dépassé.

Ce qui a jusqu'à présent paralysé tous les bons vouloirs, et les paralysera longtemps encore, je le crains bien.

Aussi lorsque je parle d'embarras des richesses, au quai Conti, n'est-ce pas des Quarante individuellement qu'il peut être question. C'est au point de vue des distributions à faire.

Plus on va, plus se multiplient, en effet, les donations. Parbleu! ne s'assure-t-on pas ainsi la gloire à peu de frais?

Un monsieur laisse, par exemple, une somme de vingt mille francs, avec stipulation que, tous les trois ans, un prix de 2,500 francs sera décerné de sa part. Voilà le nom du monsieur sûr de passer à la postérité. Il ne faut vraiment pas avoir vingt mille francs dans sa poche pour se refuser cette satisfaction posthume d'amour-propre.

Il en est même qui opèrent dans des tarifs encore plus doux.

C'est ainsi qu'un original a légué à l'Académie... son mobilier, en demandant que le produit de la vente fût offert par elle à un travail littéraire quelconque.

. Et savez-vous ce que les enchères produisirent ? 522 francs et des centimes !

C'était bien la peine de déranger le docte corps ! On aurait fini par lui léguer dix francs. Elle a coupé court en refusant le présent de ce drôle d'Artaxercès.

Mais lorsqu'il s'agit d'une somme, elle n'a pas le droit de refuser.

Et ses perplexités grandissent avec les difficultés d'une tâche de plus en plus laborieuse. Elle en est arrivée à ne plus savoir comment répartir les libéralités des donateurs trop encombrants.

※※※

On a repris *Monte-Cristo*.

O souvenirs ! que vous êtes loin déjà !

Le *Monte-Cristo* du Théâtre-Historique ! Le *Monte-Cristo* en deux séances !... Le *Monte-Cristo* qui fut l'émotion de toute la France pendant une année au moins !

A ce seul nom ressuscite tout un monde évanoui. Voilà l'antique boulevard du Temple, au tohubohu pittoresque. Voilà le *Café des Mousquetaires*, où l'on soupait follement pour un franc cinquante, prix fixe !

Voilà aussi Dumas le Grand, allant, venant, arpentant le bitume, envoyant un rire par-ci, un salut par-là, affairé et flâneur, intarissable d'esprit, tari de bourse !

Pauvre cher Dumas ! S'il avait vécu trente-cinq ans plus tard, quelle fortune ses pièces lui auraient conquise !

Mais lorsqu'il parut, c'était encore l'âge de fer. Penser qu'à la Porte-Saint-Martin, pour *Antony*, Harel lui avait octroyé, largesse inestimable, une prime de cinquante francs toutes les fois que la location dépasserait mille francs.

Mille francs ! comme *maximum* idéal !

Un jour même, un plaisant épisode survint.

Dumas, vers dix heures, monte chez Harel.

— Hé ! hé !... fait celui-ci narquois... on ne touchera pas sa petite prime ce soir.

— Bah !

— Il n'y a que 990 francs de location.

— Ah !

Dumas ne dit rien et continue à causer un moment. Après quoi, il s'en va. Mais il reparaît cinq minutes après, et de sa bonne grosse voix :

— Qu'est-ce que vous disiez donc, Harel, que je n'aurai pas ma prime ?

— Sans doute.

— Vous vous trompiez; il y a 1,002 francs de location... Voici la feuille.

— Je parie que c'est vous qui venez de louer la loge de douze francs ?

— Parbleu !...

Bénéfice net : trente-huit francs pour Dumas, radieux de son espièglerie...

*
* *

Annonce, où t'arrêteras-tu ?

Les fiacres-réclames sont ta dernière innovation. Mais nous ne sommes pas au bout.

Il est question d'envahir maintenant les chemins de fer. Jusqu'à présent les Compagnies ont résisté. Des propositions séduisantes leur sont faites de nouveau pour tapisser de boniments commerciaux et financiers l'intérieur des wagons.

Où serait le grand mal, après tout ?

On s'ennuie si franchement en voyage, que l'œil ne serait pas fâché de s'accrocher à n'importe quoi, fût-ce aux promesses des remèdes infaillibles et des teintures instantanées.

On parle aussi — serait-ce la même compagnie ? — du *roman-publicité*, mode nouveau de séduction. A tout voyageur s'embarquant dans les *express*, on délivrerait gratis un livre panaché de littérature et d'annonces.

Entre chaque page du récit émouvant serait encartée une page de réclames en tous genres. Agréable mélange.

Ce n'est pas la première fois, d'ailleurs, que la littérature sert de véhicule à l'industrialisme. Il a même recouru déjà à la sainte poésie.

La preuve, c'est que pas plus tard qu'hier on m'a glissé dans la main un prospectus où la rime s'ébattait à l'aise.

J'ignore quel est l'auteur de ce chef-d'œuvre. Il a trop modestement gardé l'anonyme. Mais ses vers n'en ont pas moins de charme.

Je ne suis pas égoïste, je veux que vous les savouriez comme je les ai savourés moi-même :

Voici :

La plus aimable femme est tristement changée
Quand son ris vous découvre une dent mal rangée...

Une dent!... La pauvre dame — si aimable qu'elle soit — doit avoir grand mal à plaire, s'il ne lui reste qu'une dent, orgueil de sa gencive, comme disait Henry Monnier.

Je continue :

La longueur en révolte, ainsi que la noirceur,
Et chaque homme en devient l'implacable censeur.

Le fait est que si l'*aimable femme* n'a qu'une dent et que, par-dessus le marché, elle soit longue et noire, on comprend la censure, même implacable.

Je poursuis :

Évitez les grands plis et les vides affreux
Que les ris déréglés sillonnent dans les creux.

Voyez-vous ces *ris déréglés !* Comment les éviter? Le prospectus en donne le moyen dans ce précepte à la Boileau :

Par la lèvre toujours que la dent ombragée
Montre la bouche en deux faiblement partagée.

C'est, comme forme, classique de simplicité. Il n'y a qu'*ombragée* qui me chiffonne. Une lèvre qui a de l'ombrage, c'est une lèvre à moustache. La femme à barbe donnée comme idéal !

Je ne m'explique pas non plus très exactement ce que peut bien signifier cette formule : *La bouche faiblement partagée en deux*. Une bouche partagée en deux, c'est l'infirmité connue sous le nom de bec-de-lièvre ; et le *faiblement* atténuatif ne suffit pas à la réhabilitation de ce partage.

Enfin !... La bonne intention y est ; car la poésie anonyme aboutit à une chaude recommandation, — avec adresse à l'appui, — d'un dentiste dont l'art sans rival corrige toutes les imperfections.

Il est malheureux, cependant, qu'on ne sache pas quel est le barde qui a enfanté ce petit chef-d'œuvre. Comment ne prend-il pas part aux concours académiques, si pauvres qu'ils ne savent à qui décerner le prix de poésie?

*
* *

Monsieur, c'est une lettre qu'entre vos mains...

Cette formule connue survint un matin au moment où je prenais la plume.

La missive avait la large carrure des lettres de faire part. Sans doute, un mariage. J'ouvris pour voir quels étaient les héros de cette fête nuptiale... et les premiers mots que rencontra mon regard furent ceux-ci : CIMETIÈRES-NÉCROPOLES, *nouveau système.*

Diable! La joie était étrangère à l'événement.

Je lus néanmoins. Il s'agissait d'un procédé

neuf, en effet, sinon folâtre. Pendant que les uns disent : Enterrons ! les autres : Brûlons ! survient un troisième novateur qui dit : Ventilons !

L'idée d'être ventilé après votre mort vous sourit-elle? J'avoue que, pour ma part, elle me laisse passablement froid. La ventilation appliquée aux salles de spectacle peut avoir des charmes pendant qu'on est encore de ce monde; mais la ventilation après décès ne me paraît pas, au premier coup d'œil, devoir constituer une amélioration dont il y ait lieu de s'enthousiasmer.

D'autant plus que les détails du projet ventilateur abondent en complications dont l'ingéniosité ne m'est pas suffisamment démontrée.

« La ville des Morts, dit l'exposé, se compose d'édifices construits en béton ou ciment Portland. »

A coup sûr, il est très flatteur pour l'amour-propre de se dire que si, de son vivant, on n'a pas été toujours logé dans des immeubles d'un confortable parfait, on aura après sa mort les honneurs du béton et du ciment Portland ; mais la suite de la description me désillusionne.

« Les édifices, poursuit-elle, renferment un double rang de chambres ou de cellules mortuaires de dix chacun, dans la longueur horizontale, et de cinq superposés verticalement. »

Riant tableau !... Mais ces cellules — le Mazas de la mort — seraient tout simplement des commodes à nombreux tiroirs, dans lesquels on serrerait les trépassés comme on serre le linge. Quel idéal enchanteur !... L'armoire mortuaire !

Chaque armoire serait, toujours d'après le programme, séparée de sa voisine par un espace vide « où aboutiraient des ouvertures partant de chaque tiroir, — pardon, de chaque cellule, — et par lesquelles s'échapperaient les miasmes, gaz et liquides des corps en décomposition. »

Pour le coup, voilà qui est exquis !

*
* *

Mesdames... c'est à vous que va s'adresser le paragraphe suivant.

Et j'avoue que je ne suis pas sans quelque embarras pour..., sans quelque crainte sur... Il faut pourtant bien que je rende hommage à la vérité et que je constate à quel point notre masculine sensibilité a été calomniée.

Ce sont les chiffres qui parlent, mesdames, et vous savez que cette éloquence n'est pas réfutable.

Or, ils disent, les chiffres, que, contrairement à ce que l'on pourrait supposer, c'est l'homme qui, en ce monde, témoigne le plus de... Je vous assure, mesdames, que j'ai beau tourner et retourner ma plume pour ne pas...

Bref, une statistique a été publiée (Prenons le taureau par les cornes!).

De cette statistique il résulte que sur huit cents et quelques cas de folie par amour, sept cent cinquante-deux doivent être portés à l'actif des hommes et trente-sept seulement à l'actif de la femme.

Vous nous avez pourtant assez accusés de

badiner avec l'amour, de nous montrer volages, oublieux, frivoles, insensibles...

Je supprime une kyrielle d'autres qualificatifs.

Elle répond, cette excellente statistique! Elle répond victorieusement.

Sept cent cinquante-deux cas d'aliénation amoureuse de notre côté ; du vôtre, mesdames, trente-sept !

L'écart est formidable.

Oserai-je en tirer des conclusions? Hum! C'est ici que ma tâche se complique encore. Pourtant un dilemme s'impose.

Si le total fait ainsi pencher la balance en notre faveur, ce ne peut être que pour l'un des deux motifs suivants :

Ou bien parce que nous prenons plus au sérieux les peines de cœur; quoique le poète ait dit :

Notre temps est le temps des choses positives,
Il ne s'attendrit plus aux douleurs de romans,
On ne le peut plus prendre aux fadaises plaintives.
    Des désespoirs rimants.

Nous faisons du négoce avec le mariage ;
L'intérêt a tué l'amour ; oui, par ma foi !
Je le sais ; et, soyez tout fiers de votre ouvrage,
L'adultère le sait encore mieux que moi !

Poète, mon sévère radoteur, sept cent cinquante-deux cas de folie par amour ! Qu'as-tu à objecter ?

Donc, mesdames, je reprends mon raisonnement : si nous y laissons notre raison vingt fois plus souvent que vous, c'est parce que nous sommes bien plus profondément touchés.

Ou bien... hypothèse qui ne vous paraîtra sans doute pas plus flatteuse... ou bien, c'est que nous sommes abandonnés vingt fois plus.

Je pose le problème. Je ne le veux pas résoudre. Mais quelle réhabilitation pour un temps qu'on disait sceptique et positif, pour un sexe qu'on faisait passer pour matérialisé !

Quant à vous, mesdames, je suis tout prêt à vous fournir un argument. J'espère que vous m'en saurez gré.

Répliquez à ceux qui vous opposeront cette statistique indiscrète :

— Si l'homme y perd la raison, la femme y perd la vie.

* *
 *

Allons, tant mieux!... La petite bête n'est pas morte.

Je veux dire la petite bête littéraire, que la grosse bête politique pourrait bien dévorer un beau jour.

Il y avait même lieu de craindre que le premier coup de dent n'eût été donné. Mais non... Jamais on ne se préoccupa plus vivement des choses de l'esprit; jamais on ne se passionna plus ardemment pour le livre d'hier, pour la pièce de demain.

C'est bon signe.

A preuve l'habitude, qu'on a commencé à

prendre, de lire, dans certains salons, des poèmes ou des pièces en vers.

Il m'a toujours semblé qu'il fallait qu'un auteur fût ceint du triple airain pour qu'il eût le courage, ou plutôt la folle témérité, d'affronter l'épreuve d'une lecture mondaine.

Combien de raisons, en effet, pour que le malheureux qui brave ce péril y succombe, corps et biens ! Corps, parce que l'organe le mieux doué finit par s'émousser, parce que la force la plus énergiquement tendue arrive à une détente nerveuse avant la fin de la soirée. Biens, parce que si cette expérience intime échoue, pour des raisons bonnes ou mauvaises, la cause est entendue sans appel. On s'est fait condamner sans user de toutes les ressources de la défense.

Qui dit pièce, dit conception ayant besoin de l'interprétation du comédien, de la pompe des mises en scène, de l'aide des costumes.

Rien de tout cela dans une lecture.

L'imprudent qui a lancé ce cartel (car il s'agit d'un véritable duel) est là tout seul derrière sa petite table. Devant lui, un adversaire à deux cents têtes.

Que cet adversaire soit composé en partie d'amitiés et de camaraderies, je le veux bien. Mais ce ne saurait être une circonstance atténuante. On sait ce que valent les camaraderies et ce que pèsent les amitiés en ces affaires. Ce sont toujours elles qui décochent la première raillerie.

Entre amis, pourquoi se gêner !

Puis il faut compter avec les risques de ridicule imprévus, mais inévitables.

Tantôt un manque de mémoire, tantôt deux pages tournées au lieu d'une et le vers restant en l'air faute de sa rime jumelle, tantôt une lampe qui s'avise de s'éteindre au moment où l'on a le plus besoin de ses yeux pour déchiffrer un passage à ratures, tantôt le verre d'eau classique qu'un mouvement trop pathétique du lecteur envoie ricocher sur la robe d'une dame au passage le plus émouvant, tantôt...

Il y en aurait à énumérer pendant deux pages au moins, sans parler de l'intimidation inséparable qui vous fait ou bredouiller en basse profonde, ou terminer en haute-contre. Sans compter l'inexpérience, qui fait qu'en général l'auteur le plus illustre lit plus mal que le dernier des cabotins.

Un jour, on demandait à Dumas père de lire un de ses drames chez un ministre d'alors.

Dumas refusa avec enthousiasme.

Et comme on insistait :

— Je ne demande pas mieux, dit-il, que de vous lire une pièce ! Mais à une condition !

— Ah !... dites la condition...

— C'est que cette pièce sera d'un autre... Parce que de cette façon, s'il y a succès, ma vanité de lecteur sera contente ; s'il y a insuccès, ma jalousie de confrère sera satisfaite.

Il était profond, en cette circonstance, Dumas, ce philosophe qui disait tant de vérités en riant.

*
* *

Qui frappe l'air, bon Dieu, de ces folâtres cris ?...

Je n'ai eu qu'à changer une épithète dans le vers de Boileau, — écrit en prose comme tant d'autres, — pour avoir une transition présentable.

Je songeais aux folâtres cris partis de l'École polytechnique, le jour où une échauffourée a eu lieu. Il faut que jeunesse se passe et se lasse C'est ce qui est arrivé. La salle où les révoltés s'étaient enclos étant trop étroite, la suffocation a abrégé les choses.

Il me souvient qu'au collège nous eûmes une aventure analogue, mais d'une singularité plus intense.

Pour un motif quelconque, — je ne me rappelle plus lequel, — nous résolûmes un jour de nous révolter. S'agissait-il d'un abus de semelles de bottes en matière d'alimentation, ou d'un pion rébarbatif à l'excès ? Là-dessus ma mémoire fait défaut.

Mais où elle est parfaitement présente, c'est sur le chapitre du dénouement.

Après avoir échangé de très solennels serments, le soir, à l'heure du coucher, au lieu de nous rendre au dortoir, nous grimpâmes tous, — une division entière, — dans une salle d'études située au fond d'une cour et suspendue par des colonnes de fonte au-dessus du promenoir qui servait aux récréations les jours de pluie.

En un clin d'œil, le maître d'études était évacué sur l'escalier et nous nous barricadions héroïquement.

Amoncellement superbe de pupitres, de tables, de livres, de tout ce qui nous était tombé sous la main !... Cela montait jusqu'au plafond... Derrière, nous attendions, imprenables.

Une sommation première nous fut adressée par le proviseur... Un hourrah indigné répondit. Quelque chose comme : La garde meurt et ne se rend pas !

Le proviseur se replia en bon ordre.

— Il va revenir, pensâmes-nous.

En effet, au bout d'une heure, on gravissait de nouveau l'escalier. Des bruits d'outils retentissaient sur les marches.

— On va chercher à défoncer la porte, repensâmes-nous.

Et tous, avec un redoublement d'ardeur, nous nous remîmes à entasser, entasser, entasser...

Mais pas du tout... Aucune apparence d'assaut.

Au dehors, le bruit des outils était de plus en plus accentué, sans que la moindre poussée parût être exercée sur la porte, que défendait notre inexpugnable barricade.

Nous nous regardions, un peu interloqués.

Au bout d'une demi-heure, plus rien.

La nuit se passe ainsi.

Au jour, nous nous apparûmes mutuellement sous un aspect blafard que les lueurs crépusculaires teintaient de verdâtre. On grelottait un brin, on se déconcertait pas mal.

N'importe !... Les meneurs relevèrent les intrépidités mollissantes.

— Jurons de défendre nos barricades jusqu'à la mort... Car on va nous attaquer.

On ne nous attaqua pas.

A midi, il faisait une faim !... mais une faim !...

A six heures du soir, on n'y tenait plus.

Le conseil de guerre décida qu'il fallait se rendre.

Alors, de nos propres mains, il fallut — humiliation ! — défaire le fameux amoncellement qui nous avait donné tant de mal. Ce fut long. Enfin le passage fut libre. Nous nous précipitâmes tous vers la porte.

Hein !... que signifiait ?... Impossible de l'ouvrir !...

Ce satané proviseur, au lieu d'essayer de la défoncer, ce qui nous aurait comblés de joie, l'avait murée, — ce qui nous comblait d'anxiété, et voilà que nous en fûmes réduits à parlementer d'abord, à supplier ensuite, pour qu'on nous délivrât.

La sortie fut navrante : le défilé des fourches caudines !

Je me suis dit alors que ce proviseur était un malin.

Je me le suis redit en me rappelant, à propos des émotions de l'École polytechnique, son procédé imprévu.

**

On accuse parfois la critique contemporaine d'abuser de ce qu'on appelle l'*éreintement*.

Que dire alors des formules jadis employées?

Le hasard a mis, ces jours-ci, entre mes mains une collection du journal théâtral que faisait autrefois Charles Maurice.

A la date de 1833, j'y ai trouvé ceci sur les débuts de Mlle Thierret à la Comédie-Française, de Mlle Thierret qui jouait alors la tragédie, et qui fut depuis la bonne et désopilante mère Thierret.

Or voici sur quel ton Charles Maurice le prenait avec Saint-Aulaire, alors directeur ou administrateur. Je copie fidèlement.

« Théatre Saint-Aulaire — THIERRET (autrefois Comédie-Française). — Saint-Aulaire a trouvé quelque chose de plus niais que son visage, de plus dégoûtant que ses gestes, de plus mauvais que son jeu, de plus bête que son enseignement, de plus plat que sa diction, de plus sale que ses mains, de plus stupide que ses idées, de plus impertinent que sa nullité. C'est Mlle Thierret... »

Qu'en dites-vous ? Comme madrigal c'est assez réussi !

***

Les courses d'hommes — et de dames, s'il vous plaît — pour lesquelles l'Hippodrome avait fait appel à tous les jarrets de bonne volonté, ont eu lieu sans grand éclat.

On assure que les Grecs avaient un penchant tout particulier pour ce genre de récréation, et, en effet, les charmes des coureuses olympiques ont été chantés par les poètes, tandis que la sculpture ou la peinture perpétuait le souvenir de leurs exploits.

J'ai peine à croire, nonobstant, que l'attrait ait jamais été bien sincère. La femme qui court fond fatalement en sueur. La femme qui court s'ébouriffe, se dégingande, se dépoétise.

Je vous assure que c'est bien laid — oh! mais bien laid! — à voir, une coureuse qui rentre soufflant comme une asthmatique, ruisselante, luisante, à demi apoplectisée. Et je me permets de douter fort que ce spectacle retrouve de nos jours la vogue dont il passe pour avoir joui dans l'antiquité.

Ce n'est du reste pas la première fois que l'on tente cette résurrection à Paris.

Tout récemment nous y voyions l'homme-locomotive, dont les hauts faits laissèrent la population parfaitement indifférente. Il y a vingt ans, ce fut un nommé Gennaro qui appela le public, formulant un défi vraiment curieux d'audace.

Gennaro s'engageait à lasser à la course n'importe quel cheval de n'importe quel sang et de n'importe quel pays ! Vous entendez bien : lasser à la course. Il ne s'agissait pas de vitesse. Il s'agissait de durée.

Les chevaux devaient, sous peine d'être mis hors concours, toujours trotter. Gennaro devait toujours garder le pas de course.

La lutte commença le matin à six heures. A huit heures du soir, Gennaro courait encore et des vingt-sept chevaux qui avaient accepté la provocation il ne restait plus que deux pauvres bêtes qui paraissaient à bout de souffle.

Une des deux s'arrêta à huit heures dix.

Gennaro n'était plus en présence que d'un petit cheval pyrénéen d'aspect misérable, mais d'un cœur endiablé. Le petit bidet allait toujours. Le coureur, lui, commença à zigzaguer comme un homme qui perd l'équilibre. Il fit ainsi un demi-tour, trébuchant, s'efforçant, retrébuchant... C'était hideux...

Soudain, pouf!! Il s'abattit net, face contre terre. Il avait été frappé d'un coup de sang. On le saigna en hâte. On l'emporta. Le petit bidet allait encore. Il ne voulait pas s'arrêter.

Gennaro, remis après trois semaines de soins, voulait renouveler l'épreuve. La police s'y opposa.

Il dut se rabattre alors sur une simple course de vitesse où il fut battu, cela va de soi. Après quoi, il disparut.

Plus tard, il fut nommé coureur au service de l'empereur et faisait la navette entre Paris et Saint-Cloud pour porter des plis urgents. Là, il devançait toujours les ordonnances à cheval.

Gennaro est mort en 1870, tué dans la guerre contre la Prusse.

Un autre coureur bizarre dont les Parisiens ont dû conserver la mémoire, c'était le *père Laurent*.

Qui n'a connu ce pauvre vieux qui suivait de

Paris à Versailles, l'omnibus américain? On ne disait pas encore tramway alors.

Le père Laurent fit ce métier pendant quinze ans.

Le dimanche, il parcourait *jusqu'à trois fois, aller et retour*, la distance de la place de la Concorde à la place d'Armes ; dix-sept kilomètres à l'aller et dix-sept au retour. Cent deux kilomètres en tout.

Jolie journée !

Le seul bénéfice que lui rapportât cet exercice volontaire, c'étaient les sous que les voyageurs de l'omnibus lui jetaient. Quand il avait ramassé cinq francs dans sa journée, il était heureux.

Le père Laurent continua ce temps de galop jusqu'à l'âge de soixante-huit ans !

Un jour, à l'arrivée, un frisson le prit. La fluxion de poitrine s'en mêla et il mourut en trois jours, à l'hospice de Sèvres.

Personne n'a recueilli sa succession. Et de fait, elle n'est pas tentante.

Mais, bien sûr, si le père Laurent était encore de ce monde, on l'aurait vu figurer parmi les concurrents de l'Hippodrome, et bien que sexagénaire, il aurait gagné plus d'un prix à la barbe des jeunes.

**
* *

Toute une vision du passé s'est dressée devant mes yeux à ce dernier nom. O souvenirs de prime jeunesse, vous me reportiez, comme tous ceux de ma génération, vers les fantaisies épiques d'il y a vingt ans; vers cette lointaine époque qui pourrait s'appeler l'*apothéose de Bobino*.

Je me la rappelle, comme si je la voyais, cette étrange salle de théâtre ressemblant à une grange qui aurait fait un bout de toilette. Au dehors, une petite cour qui avait la prétention incroyable de jouer au jardin, grâce à deux ou trois maigres échalas sous lesquels on devait, de temps à autre, venir, la nuit, clouer quelques feuilles artificielles, parodiant les arbres pour de vrai. La maison qui abritait Bobino et sa fortune était décorée de bandes rouges et de bandes jaunes qui lui donnaient l'aspect d'une maison de bains. A gauche, la cabane où l'on prenait ses cachets — je veux dire ses billets.

On pénétrait. Un parallélogramme étranglé avec un étage de compartiments, qui se décoraient du nom pompeux de loges. Une scène grande comme un mouchoir de poche. Des couloirs où, quand on se rencontrait deux, il fallait ouvrir la lucarne pour effacer ses coudes.

Et pourtant c'est là-dedans que tout Paris vint défiler pendant deux cents soirées consécutives pour applaudir *Gare l'eau ! Roule ta bosse ! Cocher, à Bobino !* et autres revues mémorables, dues à la verve de Saint-Aignan Choler.

Gare l'eau ! Triomphe légendaire présidé par l'incomparable Detroges, un type étonnant de bourgeois pris par le démon du théâtre. Cet honnête rentier, sur lequel la nature marâtre avait accumulé toutes les disgrâces, aux trois quarts bègue, Prudhomme des pieds à la tête, ne s'était-il pas mis en tête de s'établir artiste dramatique!

Quelles ovations charivariques, messeigneurs! La gent étudiante l'acclamait, le hélait, le turlupinait. Lui, souriant, ravi, prenait tout cela pour de la célébrité, et saluait, la main sur le cœur.

Autour de Detroges, tout un essaim folâtre de demoiselles, conduit par cette malheureuse Hortense Cavalier, qui mourut folle et aveugle.

Après les représentations, rendez-vous général au café du théâtre, disparu lui aussi. Les déesses de tout à l'heure venaient sans cérémonie, et dépouillées du maillot fascinateur, faire leur bezigue ou dévorer une choucroute garnie, en compagnie d'admirateurs parcimonieux.

De temps en temps, le boulevard arrivait par cohortes.

On voyait s'arrêter devant Bobino une théorie de vingt ou trente fiacres chargés de coulissiers, de flâneurs, de demi-mondaines. On aurait dit une noce en gala. Tout cela déballait avec cris et interpellations. Ohé ! la rive droite, ohé !... Ohé ! la rive gauche !... On fraternisait, — ou l'on se chamaillait, selon les dispositions du soir.

N'importe ! Le total de la recette s'en félicitait quand même, et la direction, en cinq ans, empocha tout près de quatre cent mille francs à ces revues de Saint-Aignan Choler, qui n'en fut pas plus riche, lui.

Présentement Paris n'a plus rien d'équivalent, rien qui rappelle, même de loin, ce bouibouis typique, où le bon rire de la vraie jeunesse secouait gaillardement les échos. Tout se manière, — ou s'encanaille. Plus de mesure. C'est dommage véritablement.

Et chaque fois que je passe dans ces parages de Fleurus, maintenant silencieux comme une nécropole, devant cette encoignure qui vit grouiller tout le Paris joyeux dans un bout de rue long comme un corridor, je donne un regret au Bobino d'autrefois, et aussi à celui qui, après avoir tant amusé son temps, est mort tout à fait oublié.

* * *

Aubryet, lui, ne fut jamais un oublié. L'incroyable ténacité de ses souffrances et l'héroïque courage de sa résistance au mal ont fait de son martyre un effroyable spectacle auquel s'intéressait cruellement toute la littérature.

Qui aurait jamais pu prévoir que tant de vitalité, tant de sève, tant d'ardeur fiévreuse auraient pour lendemain une torture de sept années, où la nature, raffinant ses férocités, aggraverait la barbarie du supplice par la lucidité invariable du supplicié.

Nous nous le rappelons tous, l'Aubryet d'avant la guerre, toujours grouillant, toujours fougueux, toujours vibrant.

Quel pétillant causeur c'était! Avec quelle âpre

verve il soutenait les paradoxes les plus fous !
Avec quel esprit mordant sa parole et sa plume
fustigeaient le ridicule ! On a abusé du mot *étin-
celant* pour bien des lumignons fumeux. Mais
avec Aubryet, ce mot-là n'était que juste.

La tête frappait tout d'abord par son caractère
bien personnel. Une tête de maigre à longs cheveux, rentrant dans la catégorie des bonapar-
tisants. Un œil qui annonçait le mot avant même
qu'il eût été décoché ; une bouche de pince-sans-
rire ; une physionomie sans cesse en éveil.

C'était parbleu bien la névrose faite homme.

Un peu d'amertume se glissait parfois dans
son ironie. Était-ce pressentiment des injustes
épreuves par lesquelles devait passer ce vaillant ?

Aubryet, comme tous ceux que le journalisme
éparpille, s'est dépensé souvent en menue monnaie. Mais que de pages ciselées avec la délicatesse d'un Benvenuto, dans son œuvre que la
maladie vint interrompre au moment même où
ce talent de raffiné se sentait le plus sûr de lui !

Et aussi que de boutades étonnantes jetées aux
quatre vents de la conversation quotidienne !

Que de traits acérés et ailés, ce Rivarol modernisé fit pleuvoir sur les ridicules de son temps !

Sur ce fauteuil même où se tordait son incurable douleur, alors que chaque jour apportait une aggravation de misère à cette fin qui ne voulait pas finir, Xavier Aubryet trouvait encore la force de se ressusciter moralement.

Il a écrit, entre deux cris, des articles merveilleux. Il savait causer encore quand il n'écrivait plus.

De lui-même, il disait avec une pittoresque ironie :

— La mort ne me démolit pas, elle me dévisse !

La fin de ces acharnements est venue cependant.

Le pauvre supplicié rendait le dernier soupir. Hélas ! sa nécrologie devait être dès longtemps préparée dans les journaux qui courent éperdument après l'actualité. Il en est même qui poussèrent le zèle jusqu'à publier par anticipation l'oraison funèbre qui attendait dans le tiroir.

Il ne faut pas traîner les choses en longueur

avec notre époque. Ceux qui ne se dépêchent pas de trépasser lassent la compassion, qui dirait volontiers :

— Mais je vous ai déjà donné hier !

J'ai dit que la conversation d'Aubryet était féconde en boutades d'une âpre originalité !

Il excellait par-dessus tout à définir et à résumer un homme dans un mot.

Par exemple, à propos d'un confrère dont la mauvaise intention n'était heureusement pas réputée pour le fait, et qui n'avait aucun talent à mettre au service de ses rancunes venimeuses, Aubryet disait :

— X..., c'est un chien enragé qui n'a pas de dents !

D'un autre, reporter de cancans mondains, échotier de *high life*, qui avait, un jour, voulu diriger contre lui une attaque :

— Ce pauvre Z... aura beau faire, il ne sera jamais qu'un vinaigre de toilette.

De lui encore cette pensée, que j'ai trouvée sur l'album d'une collectionneuse d'esprit :

« De temps en temps les méchants se font du mal à eux-mêmes. Les ongles s'incarnent. »

Les obsèques d'Aubryet ont attesté, par le concours des notabilités qui se pressaient pour lui dire adieu, quelles sympathies il avait éveillées et quels regrets il a laissés.

*
* *

L'Opéra-Comique a eu l'idée de remettre à la scène le *Pardon de Ploërmel*.

A ce propos, on a rappelé avec quel soin méticuleux Meyerbeer présidait aux répétitions, s'occupant des moindres détails, soucieux du dernier des accessoires.

Et l'on a cité une anecdote relative à la célèbre chèvre qui fit jadis la joie des badauds.

Meyerbeer n'avait pas moins de sollicitude pour ce qui concernait l'orchestration de ses œuvres.

Une note douteuse donnée par n'importe quel instrument le mettait hors de lui. Mais jamais il n'attaquait de front celui de qui il croyait avoir à se plaindre.

Il fallait voir quels efforts de diplomatie ingénieuse il déployait.

Aux répétitions du *Pardon de Ploërmel*, par exemple, il avait remarqué qu'un hautbois pressait toujours trop le mouvement. Comment lui en faire l'observation ?

Tout autre ne se serait pas gêné et tout bonnement aurait dit :

— Pardon, monsieur... vous ne jouez pas ce passage en mesure.

Meyerbeer, lui, guetta son homme à la fin de la répétition, descendit l'escalier avec lui et lia conversation :

— Cela a très bien marché aujourd'hui.

— Vous trouvez, maître?

— Très bien... Je suis particulièrement content de vous.

— Vraiment?

— Oui... Quelle heure est-il donc !... Quatre heures... Je me sens fatigué... j'ai besoin de prendre un bouillon... Faites-moi donc le plaisir d'accepter à Tortoni la moindre des choses...

— Oh ! maître !

— Je vous en prie...

— C'est trop d'honneur.

On entre ; on s'asseoit.

— Oui, décidément, la répétition a été excellente, et vous en particulier vous m'avez fait un vif plaisir dans ce passage... Vous savez... Je puis même dire que cela a été pour moi une révélation... Je ne l'avais pas compris aussi vivement pressé... C'est charmant... J'avais conçu la chose plus lentement... comme ceci... Tra... la... la...

— Mais alors...

— Non... Votre version me plaît...

— Cependant...

— Si vous y tenez, mon cher, nous essayerons

demain dans mon rythme, mais le vôtre donne un effet piquant... Enfin, demain, nous comparerons... Charmé, cher monsieur...

Meyerbeer de s'éloigner, après avoir serré chaleureusement la main de l'artiste ému — et corrigé en même temps.

*
* *

Statues partout.

C'est le jouet du jour.

Je dis le jouet, parce que souvent, en dépit des rappels au bon sens, ces hommages de pierre ou de bronze s'adressent à des modèles qui véritablement feront trop piètre figure sur le haut d'un piédestal.

Or, quand les piédestaux ne grandissent pas, ils rapetissent.

N'est-ce pas, par exemple, se presser trop que de vouloir élever une statue à Pierre Dupont, quand Béranger n'a pu encore obtenir la sienne? Si l'un des deux doit passer le premier, c'est à coup sûr l'auteur des *Fous*...

Et par droit de conquête, et par droit de naissance.

Mais les hasards de l'apothéose ont de ces caprices.

Depuis plus de deux ans, une souscription a été ouverte pour Béranger, qui devrait, au lendemain même de sa mort, avoir reçu cet honneur mérité. Et l'on n'a pas réussi encore à mener l'œuvre à bonne fin.

Pierre Dupont trouvera-t-il des souscripteurs plus empressés? C'est possible, parce que c'est injuste.

Non que je veuille rabaisser le mérite de Pierre Dupont. Il eut son heure de popularité bien conquise, ayant eu son heure d'originalité personnelle.

C'était un rustique sincère, qui arrivait à propos pour nous débarrasser des bergeries à la Florian et des bêlements de la romance moutonnière.

Les pipeaux enrubannés avaient fait leur temps. Pierre Dupont de sa voix mâle chanta :

> Qu'on m'apporte du houx
> Pour y percer trois trous.

C'était le paysan en sabots, le paysan à la mâle robustesse, à l'échine noircie par le soleil, qui prenait la parole, remplaçant les fadaises de la ritournelle sentimentale par la mélopée du terroir.

Il y eut succès de vérité profondément sentie, quand on entendit cette virile chanson des *Bœufs*, tout imprégnée des senteurs du foin coupé.

Ce serait donc ingratitude d'oublier Pierre Dupont. Il y a peut-être imprudence à le hisser sur un socle prétentieux dont ce simple n'avait nulle envie.

On a aussi formé un comité, deux comités

même, pour une autre statue : la statue de Dalayrac.

« Ses ouvrages aimés de nos pères, dit la circulaire rédigée par les deux comités, renferment des mélodies originales et gracieuses qui, à juste titre, ont popularisé le nom de l'auteur. »

Je ne dis pas non.

Mais l'appréciation même des admirateurs du compositeur n'indique-t-elle pas qu'il y a des disproportions entre sa valeur et l'hommage qu'ils lui veulent rendre?

S'il suffit d'avoir écrit quelques *mélodies originales et gracieuses* pour être taillé en marbre, comment n'a-t-on pas songé d'abord à Auber? et aussi à Adolphe Adam? et à dix autres qu'on pourrait citer?

La statue devrait être une consécration décernée seulement par la postérité aux premiers d'entre les premiers.

Traiter sur le pied de l'égalité admirative Beethoven, Mozart et Dalayrac, c'est, ce me semble, disproportionner le talent et la récompense.

Je nommais Auber tout à l'heure.

Un de ses familiers, le félicitant, à la suite d'une nouvelle victoire remportée par ce charmeur, lui disait :

— Un jour, mon cher maître, on vous élèvera une statue.

— Allons donc! dit-il en souriant. Je n'ai pas la taille.

On ne s'inquiète pas assez aujourd'hui de savoir si les gens ont la taille.

C'est tant pis ; car parfois, en voulant combler, on accable.

*
* *

Permettez-moi de vous présenter le compositeur Léo Delibes, de qui le succès de *Jean de*

Nivelle a définitivement sanctionné la réputation.

Vapereau l'attardé reste muet sur ce nom, déjà consacré cependant par le succès. Muet aussi le dictionnaire de Bitard, autre recueil biographique.

Nous voilà, en conséquence, réduit aux conjectures.

Mettons à vue d'œil...

Pardon, une petite parenthèse :

Est-ce que cette expression : *à vue d'œil,* ne vous a pas toujours fait l'effet d'une La Palissade bizarre ? Avec quoi pourrait-on voir, si ce n'est avec les yeux ?... Je ferme la parenthèse.

A vue d'œil donc, — puisque la formule est consacrée, — Léo Delibes avoisine la quarantaine.

Un beau et vigoureux garçon à la chevelure plantureuse, à la barbe luxuriante. Barbe et cheveux d'un châtain clair ici, foncé là. Le teint rosé d'une jeune fille. La figure pleine et respirant la santé. L'œil à la fois vif et bon. L'ensemble des traits bien équilibré et correct.

Signe particulier : aurait assez de fortune pour

rester oisif, mais est de ceux qui tiennent à être quelqu'un et qui, sous ce rapport, peuvent ce qu'ils veulent.

Je n'ai point à vous énumérer ici les compositions qui ont mis Léo Delibes hors de pair. Vous les connaissez et vous les aimez. Car — rare alliance — sa musique a le charme en même temps que le savoir. Il est à la fois mélodiste séduisant et harmoniste érudit.

Dame! aussi je vous réponds que celui-là est un piocheur et un consciencieux qui vingt fois sur le métier remettra son ouvrage. Demandez plutôt à ses collaborateurs.

Le hasard m'a fait travailler à une autre pièce avec Gondinet, à l'époque où celui-ci écrivait pour Delibes le livret de ce *Jean de Nivelle*. Là, j'ai pu *de visu* apprécier la manière de faire du maestro.

Nous étions, avec Gondinet, en train d'ébaucher une scène. Soudain un *drelin drelin* fiévreux retentissait.

— C'est Delibes, faisait Gondinet... j'ai reconnu son coup de sonnette.

Il allait ouvrir. C'était Delibes, en effet, qui se précipitait tout anxieux.

— Bonjour, cher ami... Vous allez bien?... Je vous demande pardon de vous déranger au milieu de... Je n'ai qu'un mot à vous dire et qu'une minute à vous prendre...

— Qu'est-ce qu'il y a?

— Mon cher ami, tout à l'heure, en revoyant les couplets du deux, il m'a semblé que le sixième vers, celui qui précède le refrain, est un peu dur pour l'oreille.

— Je ne me rappelle pas bien.

— Il y a là un *on* et un *en* qui se suivent... Est-ce que vous ne pourriez pas me remplacer le premier mot par un autre... un autre qui se terminerait par une voyelle?

— Si vous y tenez?

— Énormément... Je n'en ai pas déjeuné... Cela me trottait dans la tête... Voyez-vous... Ma musique fait *si, sol... si, sol...* sur *on en...* Vous seriez bien gentil de...

— C'est convenu... Demain, je vous...

— Oh! pas demain... Tout de suite... Écoutez comme c'est nasillard.

Ici, Delibes se mettait au piano.

— C'est que...

— Une demi-seconde... Le temps de vous fredonner le couplet... Vous permettez, Véron?

— Comment donc!

Le couplet étant chanté, — ce dont je me régalais, car il était charmant :

— Vous avez entendu... *si, sol.,. on! en!...* Qu'est-ce que vous allez me mettre à la place?

— Voulez-vous ceci?

Gondinet indiquait une variante.

— C'est mieux... Mais, malgré l'*e* muet, la consonnance est encore...

— Alors ceci.

— Ah! parfait!... Très bien!... Merci... Encore pardon... Adieu, cher... Je me sauve... Vous ne m'en voulez pas, Véron? C'est excellent ainsi... *si... sol...* excellent...

Et il disparaissait comme un tourbillon.

Une autre fois, *drelin! drelin!...*

Il était huit heures du matin.

— C'est Delibes !

— Vous avez reconnu son coup de sonnette?

— Oui.

— Moi aussi.

C'était lui.

— Bonjour, mon bon Gondinet... Ça va bien ?... Excusez-moi de venir si tôt... Mais, cette nuit, j'ai rêvé une coupe de duo... une vraie trouvaille... Vous savez le duo du premier acte ?

— Je sais.

— Il est très réussi comme paroles...

— Mais vous voulez le remplacer?

— A peu près... La coupe que j'ai rêvée est si originale... Tenez... Pan, pan... Pan, pan, pan, pan !... Pan, pan !... Pan, pan !... Un effet sûr... Vous aurez opéré la substitution en un tour de main.

— C'est que j'ai un rendez-vous...

— Mon ami, je vous en prie...

— Voyez Gilles. Il vous arrangera cela.

— Vous avez raison... je vais voir Gilles... Croyez-vous que je le trouverai ?

— Certainement... Mais peut-être ne sera-t-il pas encore levé...

— Ça ne fait rien... Il se lèvera... Il faut battre le fer pendant qu'il est chaud... Oh! cette coupe!... Étonnante, mon ami... J'y cours... Au revoir... Travaillez... Je ne veux pas vous déranger...

Et il disparaissait de nouveau, toujours bouillant, toujours plein d'ardeur et de foi. Et nous le regardions partir en riant, mais en nous disant que celui-là est un véritable artiste, épris de son art, convaincu, consciencieux, dont l'inspiration sévèrement contrôlée ne laissera jamais tomber de sa plume un lieu commun musical.

*
* *

Paris, quoi qu'on en dise, a le culte du génie.

A preuve la fête sans pareille qui a pris, pour Victor Hugo, les proportions d'une apothéose.

La voilà désormais historique, cette maison de l'avenue d'Eylau, devant laquelle a défilé tout un peuple. Lorsqu'il y vint loger, Hugo ne se doutait pas qu'il préparait les voies à ce gigantesque pèlerinage de l'admiration.

Ailleurs, le pèlerinage aurait été presque impossible.

Si le poète avait, par exemple, habité encore son appartement de la rue de Clichy, les conditions matérielles de son installation n'auraient pas permis à la foule de se dérouler sur cette étroite chaussée, dans ce quartier sans issues.

L'avenue d'Eylau, au contraire, se prêtait merveilleusement aux interminables évolutions de ce cortège gigantesque. L'Arc-de-Triomphe lui-même, — où le poète regrettait jadis que le nom de son père eût été oublié, — semblait se dresser au loin pour faire un immense fronton à la gloire du fils. De tous côtés, des dégagements faciles. Belle et calme journée, telle qu'aucun homme n'en compta dans son existence.

Cette maison de l'avenue d'Eylau, simple retraite de paix et de silence, ne pouvait prévoir sa retentissante destinée.

Tout y est, à l'intérieur, paix et intimité.

On entre... Le vestibule, sans emphase, dit tout de suite que c'est la demeure du repos. Deux bonnes, — aux familiales allures, — reçoivent le visiteur. La porte du salon s'ouvre. Discrètement éclairée par les bougies d'un lustre de Venise, la pièce n'a aucune des recherches frelatées du luxe tapageur. De chaque côté de la cheminée s'alignent les chaises où s'assoien les amis, chaque soir renouvelés. Le maître a pris sa place à droite du foyer, ou parfois se tient debout devant l'âtre.

Pour chacun, il a un mot affectueux. Son cordial serrement de mains donne sincèrement la bienvenue. Une patriarcale tranquillité règne dans cette demeure.

La salle à manger, à laquelle on arrive en traversant un petit salon sobrement tendu en cuirs artistiques, n'est pas faite pour les galas solennels.

Il n'y a place à la table amicale que pour un petit nombre d'élus. On ne banquette pas ici. On y est admis à l'honneur de dîner librement, simplement, affectueusement, avec le grand homme, aimé autant qu'admiré. Privilège cher que ne gâtent pas les pompes banales des repas de parade.

Devant les fenêtres, un jardin où il y a assez de fleurs pour annoncer le printemps, assez d'oiseaux pour le chanter.

Tout cela charmant de concentration intime et d'affabilité souriante, avec des enfants qui gazouillent. Que nous voilà loin des mises en scène sottement attribuées au poète par les racontars d'autrefois !

Quelle démonstration éclatante de la vanité des coteries que cette existence !

Tout ce que l'effort de la cabale peut intenter contre un homme fut employé contre Victor Hugo. Je ne parle pas seulement des tempêtes du parterre.

A la rigueur, c'était de la lutte loyale, et par conséquent permise ; mais on s'en prenait à l'homme même.

Sans parler de la burlesque démarche tentée auprès de Charles X pour lui arracher une interdiction préalable contre une pièce encore inconnue, la passion des classiques allait jusqu'à propager les plus odieuses et les plus sottes calomnies.

Victor Hugo nous racontait récemment à ce sujet une anecdote très caractéristique, et qui acquiert, dans les circonstances actuelles, un amusant à-propos.

C'était peu de temps après la bataille d'*Hernani*.

Fatigué par les émotions, désireux de se retremper dans le repos, et voulant en même temps que ce repos ne fût pas perdu, Victor Hugo entreprit un voyage en Bretagne et en Normandie.

Il ne connaissait que fort peu ces deux pittoresques provinces de la France; car alors on ne voyageait pas comme aujourd'hui. C'était déjà une grosse affaire, par les diligences qui couraient... au petit galop, que de risquer une telle excursion. Victor Hugo se mit donc en route.

Il avait vingt-huit ans, bon pied, bon œil. Aussi fort lestement grimpait-il toujours sur l'impériale, afin de jouir du paysage. C'est, d'ailleurs, un goût qu'il a conservé. Il aime à regarder d'en haut. Les tramways en savent quelque chose.

A Rouen, monte à côté de lui un monsieur d'allure très correcte.

Entre deux âges, l'inconnu, de blanc cravaté, unissait, à doses égales, la solennité à la bonhomie.

La solennité le tint d'abord muet. Mais la bonhomie finit par prendre le dessus et par lui délier la langue.

On cause.

Le monsieur demande à Victor Hugo s'il vient de Paris. Réponse affirmative.

Ah! Et quelles sont les nouvelles?

D'abord, on échange quelques mots sur la politique, qui préoccupait vivement les esprits, car déjà l'on sentait se rapprocher les grondements révolutionnaires de l'orage qui devait éclater deux mois après.

Puis on aborde le sujet dont tous les esprits étaient pleins.

— Puisque vous venez de Paris, monsieur, fait le magistrat (c'était un juge à un voisin tribunal), vous avez entendu parler de cet *Hernani* qui fait tant de tapage?

— Oui, monsieur.

— Vous l'avez vu jouer peut-être?

— Oui, monsieur.

— C'est idiot, n'est-ce pas?

— Oui, monsieur, riposte pour la troisième fois Victor Hugo imperturbable et qui prend un malin plaisir à laisser l'hostilité de l'inconnu se donner carrière.

— Monsieur s'occuperait-il de littérature? reprend l'autre.

— Un peu.

— Ah!

— Je fais... des tragédies.

Des tragédies!... A ce mot, l'ardeur classique du brave homme ne se possède plus. Et voilà qu'il ouvre contre l'auteur d'*Hernani* un feu roulant de sarcasmes, de calomnies, d'invectives.

— Il paraît que c'est un être abominable.

— Je n'ai pas l'honneur de le connaître, fait Victor Hugo que la scène ravissait.

— Moi non plus, monsieur... Dieu merci!... Mais un de mes amis qui est revenu de Paris dernièrement l'a vu passer.

— Ah! vraiment!

— Dans une tenue, monsieur!... un débraillé à faire rougir Chodruc-Duclos lui-même!

— Pas possible!

— Avec cela toujours ivre!

— Oh! c'est abominable!

— On est parfois obligé de le rapporter du café, où il passe tout son temps, car c'est un pilier d'estaminet.

— Voyez-vous cela!

— Vous ne pouvez en être étonné, n'est-ce pas, après les turpitudes de sa poésie?

— Nullement.

— A la bonne heure! C'est au milieu des orgies auxquelles il se livre avec des danseuses de bas étage qu'il compose, à la flamme du punch, ces œuvres d'aliéné que le mauvais goût du jour prétend nous imposer.

— Mais nous nous défendrons, opine Hugo, qui est obligé de faire les plus violents efforts pour ne pas éclater de rire.

— Oui, monsieur, nous nous défendrons... Combien je suis heureux d'avoir fait la rencontre d'un galant homme tel que vous, dont la conversation fleurie révèle tout de suite...

Ici une interminable kyrielle de compliments, contre-partie plaisante des indignations de tout à l'heure.

Le voyage se poursuit ainsi, sur le pied de la plus cordiale entente, jusqu'au Havre. Là on s'arrête. Le rageur ennemi du romantisme est tellement charmé qu'il descend dans le même hôtel que son jeune compagnon de route.

Là on leur présente le registre d'inscription.

— Victor Hugo, écrit paisiblement l'auteur d'*Hernani*.

Puis il passe la plume à son *ami* avec un sourire aimable.

Celui-ci lit le nom, sursaute, pâlit, rougit, bredouille, et finalement rejette la plume, ramasse sa valise placée sur une chaise et se sauve à toutes jambes.

La scène n'est-elle pas adorable? Il faut l'entendre conter par Hugo, avec cette simplicité narquoise où il excelle.

Si le voyageur inconnu était encore de ce monde aujourd'hui, je voudrais bien savoir quelles seraient ses impressions.

Quelle variante au vers connu! Comme il serait étonné de voir que le Capitole peut suivre de si près la roche Tarpéienne!

*
* *

Cham était cher à tous les hommes de goût comme il nous l'était à nous-même, comme il l'était à tous ceux qui avaient pu apprécier son cœur en savourant son esprit.

Nous allons donc essayer de faire revivre ici cette sympathique figure en mettant, pour ainsi dire, nos souvenirs en commun. Nous allons le montrer tel qu'il fut dans sa charmante intimité, à la fois cordial et fantaisiste, loyal et imprévu, affable et original.

Quiconque avait vu une fois ce type si singulièrement personnel ne pouvait jamais oublier ce grand gentleman à la tenue correcte, à l'allure flegmatique, au visage osseux, coupé en deux par de longues moustaches cirées et animé par le pétillement d'un regard d'acier.

Ce regard, c'était Cham tout entier.

Le reste de sa personne semblait légèrement britannisé. Mais la verve française, l'esprit malicieux, la gauloise joyeuseté s'étaient concentrés dans cet œil pénétrant qui semblait vous vriller quand il s'arrêtait sur vous.

Il ne fallait pas grande intuition pour se dire tout de suite :

— Celui qui regarde ainsi est quelqu'un.

De ses réminiscences anglaises, Cham avait conservé une impassibilité qui, par le contraste, décuplait la portée de ses boutades. Il avait, quand il voulait ahurir son interlocuteur, un sérieux dans la folie qui terrassait les gens.

Nous verrons tout à l'heure de quelle bonté profonde et agissante était doublée cette perpétuelle ironie, qui l'aurait plutôt fait prendre par les superficiels pour un insouciant.

J'ai dit l'homme extérieur.

Pénétrons dans cet appartement de la rue Nollet, où nous passâmes près de lui tant d'heures rieuses et douces.

Cham, qui avait quelque peu les allures militaires, avait toujours professé pour la carrière des armes une prédilection qui se trahissait parfois par un regret rétrospectif.

Est-ce pour cela qu'il apportait dans tous les détails de sa vie personnelle une simplicité toute spartiate ?

Dans l'élégant et coquet logis qu'il avait orné avec un goût artistique, il habitait une petite pièce de trois mètres carrés environ. C'est là que d'un côté était installé son lit de fer, un vrai lit de campagne, de l'autre son grand pupitre de bois sculpté sur lequel il travaillait toujours debout, sans connaître la fatigue.

Au milieu, la corbeille de son chien favori, qui jouait un rôle principal dans son existence et dont il était l'esclave invariable, que le titulaire s'appelât *Bijou* ou *Jocko*.

J'ai dit que Cham travaillait toujours debout. Ce travail était une continuelle improvisation.

Le jour où il devait faire ses croquis pour le *Charivari*, il prenait la plume après son déjeuner. Jamais il n'avait songé d'avance aux sujets qu'il comptait traiter.

Dès qu'il avait l'outil à la main, les idées accouraient en foule. Avec une rapidité prodigieuse, il ébauchait trente ou quarante dessins au-dessous desquels il griffonnait d'une main prompte et sûre ses légendes, si merveilleusement trouvées, sans avoir été cherchées.

Sur les quarante dessins qu'il m'apportait ensuite, douze étaient choisis pour la page du dimanche, cinq ou six pour les numéros ordinaires.

Il jetait le reste au panier avec la parfaite indifférence du riche qui sait n'avoir pas besoin de compter.

Et toujours il en était ainsi. Et toujours à heure fixe, à la première sommation, l'inspiration venait féconde et sûre d'elle-même.

Un véritable prodige que cet à-propos qui ne manqua pas une seule fois son entrée.

Cham commença à dessiner pour les journaux illustrés en 1839. C'est donc une période de quarante années qu'a traversée sa fécondité intarissable.

Durant ces quarante années, Cham n'a pas fait *relâche* une seule fois.

S'il prenait un congé, il approvisionnait d'avance ses journaux, de façon à ce qu'il n'y eût pas de solution de continuité.

Ce congé, d'ailleurs, était toujours de très courte durée. Il fallait Paris à ce Parisien du crayon. La campagne l'ennuyait profondément. En fait de verdure, il n'admettait que Versailles.

Bizarre prédilection ! Lui, qui était le fantasque par excellence, se complaisait aux mathématiques alignements de la ville tirée au cordeau.

Encore une preuve du goût que les extrêmes ont toujours l'un pour l'autre.

Quelquefois il allait à Boulogne-sur-Mer, son autre villégiature favorite. Il s'y plaisait à entendre parler et à parler l'anglais. C'était pour lui comme un retour vers les années de sa précoce jeunesse.

Avant la guerre, son but annuel d'excursion était Bade.

On ne rencontrait que lui dans l'allée de Lichtenthall, devant la Conversation, sur la promenade où il semait à pleines mains les récits verveux.

Car le Cham de la conversation était peut-être plus étonnant encore que le Cham connu du public.

On a cité une centaine de ses mots. Beaucoup m'ont paru apocryphes et n'avaient pas cette étrangeté voulue que l'impassibilité du diseur rendait plus étrange encore.

A Bade, avec Dantan jeune, ils signalaient chaque journée par quelque nouvelle et amusante drôlerie.

Un soir, Cham et Dantan entrent dans la salle de jeu. C'était au beau milieu de la saison. Tout le *high life* était là, prodiguant les billets de banque que ramenait l'infatigable râteau du croupier.

Cham s'approche de la table, en donnant des signes de vive émotion, et dépose à la rouge... une pièce de cent sous.

La bille commence à tourner dans le cylindre. Chacun est attentif.

Soudain, au moment où l'on va proclamer le numéro sortant, Dantan s'élance sur la pièce de Cham en bousculant les personnes présentes et en s'écriant :

— Le pain de vos enfants !... jamais !

Et il ramasse la pièce avec une solennité pathétique.

O temps de ces gaietés gamines, que tu es loin !

Dantan mort, Cham mort, Bade fermé pour

jamais à quiconque aime la France!... Et il n'y a pas quinze ans de tout cela!

C'était, d'ailleurs, une des grandes joies de Cham que la mystification imperturbable.

Il donnait — hôte exquis et cordial — des dîners fréquents et parfois aussi des soirées fort hantées par les notabilités de l'art et des lettres.

D'un bout à l'autre du repas, s'il s'agissait d'un dîner, Cham se répandait en ironies dont ses propres menus étaient le thème.

On apportait un poisson.

— J'espère, messieurs, disait-il, que vous serez plus heureux que mes derniers invités. Je leur ai servi un saumon qu'un orage soudain avait rendu phosphorescent. C'est au point que nous avons éteint toutes les lumières et que le dîner s'est terminé à la lueur qu'il projetait.

Recevait-il pour la première fois quelque personnage de distinction qui croyait devoir procéder avec cérémonie, Cham guettait.

Tout à coup on le voyait tirer son carnet de sa poche :

— Vous permettez? disait-il à son solennel voisin.

— Je vous en prie, faisait celui-ci en s'inclinant.

— Je mets en note que vous avez repris deux fois du perdreau, pour ne pas oublier de ne plus inviter une personne qui mange tant.

Si c'était une soirée, Cham se faufilait dans tous les groupes, et de son air le plus aimable, en s'adressant à quelque monsieur de mine sévère :

— Avez-vous goûté le punch?

— Mille remerciements. Je n'en prends pas.

— Je le regrette. Il est abominablement mauvais.

Et il souriait gracieusement en s'inclinant.

Ce qui n'empêchait pas — je l'ai dit — ses réceptions d'être au nombre des plus recherchées — et aussi des plus franchement aimables.

Quels hôtes on y rencontrait !

C'était Dumas fils, c'était Labiche, c'était... Mais il faudrait citer tout ce que Paris compte de célébrités de l'intelligence : auteurs, peintres, journalistes, sculpteurs, médecins, magistrats... que sais-je ?

Quelquefois les *charges* imaginées par Cham, qui ne résistait pas à la tentation, avaient de bizarres dénouements.

Un jour, il passait rue de La Rochefoucauld.

Il avise, venant sur le trottoir opposé, Ruggieri, l'habile artificier, qui était un ami intime.

Cham traverse précipitamment la rue, et, se plantant devant Ruggieri en gesticulant et en décrivant avec ses bras des arabesques destinées à simuler les fusées, les soleils, les pétards :

— Patara tata !... Pif ! paf ! Boum !... Pchitt... Patara tata !...

Un feu d'artifice entier, mimé avec accompagnement d'onomatopées variées.

Tout à coup Cham s'arrête, contemplant avec stupéfaction le monsieur qui le contemple de son côté avec ahurissement.

Cham s'est trompé.

Ce n'est pas Ruggieri !

Alors, sans se troubler, reprenant un air majestueux, il salue l'inconnu et poursuit son chemin.

L'autre est resté à jamais convaincu qu'il avait fait la rencontre d'un fou et qu'il avait peut-être échappé à un terrible danger.

Je n'en finirais pas si je voulais faire connaître tout le Cham rieur.

Mais sous ces dehors d'éternelle raillerie se cachait le plus tendre et le plus fidèle dévouement.

J'en aurais mille preuves à citer.

En voici une :

En 1865, Louis Huart, alors directeur du *Charivari*, est atteint de la petite vérole.

Sentant sa fin prochaine, il fait avertir Cham.

Celui-ci, sans hésiter, et malgré la terreur qu'inspirait l'épidémie d'alors, se rend à l'appel de son ami. Il le prend dans ses bras. Il aide à le changer de linge. Il l'entoure de soins.

Huart lui meurt presque entre les mains.

Quand on veut féliciter Cham de son intrépide

affection, il paraît tout surpris. N'a-t-il pas fait la chose la plus naturelle du monde ?

Il y a quelques années, Cham passe dans une rue, aux Batignolles.

Un chien arrive, avec une allure suspecte, et fait mine de se jeter sur un enfant. Lui se précipite sur le chien qu'il parvient à écarter, mais non sans avoir reçu lui-même une cruelle morsure.

Pendant deux mois, ses amis vécurent dans des transes cruelles.

Lui n'y pensait pas.

Voyez-vous quelle effroyable antithèse c'eût été ! Cet amuseur mourant de la plus horrible des maladies : la rage !

Un souvenir encore bien bizarre de la carrière de Cham, c'est celui qui remonte aux premiers jours du siège.

Cham, qui poussait le patriotisme jusqu'au chauvinisme, fut en proie, à la nouvelle de nos revers, au plus profond désespoir.

Malgré son âge, il avait voulu faire son service de garde national.

Chaque jour même, en dehors de ce service, il s'acheminait vers les remparts, désireux de voir par lui-même si la mise en défense de Paris faisait des progrès.

Dans une de ces inspections privées, un groupe de soldats le frappe.

L'artiste prend le dessus.

Cham s'asseoit sur une borne et commence à crayonner le groupe.

Absorbé qu'il est par son travail, il ne s'aperçoit pas que les curieux s'amassent et le regardent d'un air de défiance.

C'était l'époque où l'on voyait des espions partout. Vous vous souvenez de ce premier symptôme de la fièvre obsidionale ?

Les mots : « *C'est un espion !* » sont en effet prononcés.

Un sergent de gardes nationaux s'avance :

— Que faites-vous là ?

— Mais vous le voyez bien.

— C'est un étranger ! s'écrie la foule en entendant parler Cham, qui a toujours un peu conservé l'accent britannique.

Le sergent prend un air capable, et fronçant le sourcil :

— Tout ça n'est pas clair. Vous êtes étranger.

— Moi, allons donc !

— Pardon. Ne dissimulez pas. Votre façon de parler...

— Je m'appelle Cham, dit l'artiste, convaincu que la popularité de son nom suffira à mettre fin au quiproquo de tournure alarmante.

— Quoi, Cham ! Ce n'est pas un nom français, cela... Vous voyez bien que vous êtes étranger... Arrêtez-le.

Ce disant, il fait signe à quatre hommes qui appréhendent le dessinateur.

La foule commence à vociférer.

On le bouscule, on le remorque.

— Un espion ! un espion !!!

Et le flot de grossir.

Sur le passage de ce cortège tumultueux et menaçant, le hasard fait passer le coiffeur de Cham et son voisin.

Celui-ci s'élance :

— Mais c'est M. de Noé !

— De Noé!... Il avait donné un faux nom! ricane le sergent triomphant.

— C'est un espion! reprend la foule.

— A mort! glapissent quelques-uns.

La situation devenait horriblement critique. Quelques horions pleuvaient. Un officier passait heureusement. Cham lui donne son adresse, demandant qu'on le conduise chez lui sous escorte pour s'assurer de son identité.

Ce qui fut fait.

Mais, pendant tout le trajet, l'accusation d'espionnage se propageait. Il arriva à sa porte suivi par trois mille individus affolés et prêts à lui faire un mauvais parti, les vêtements à demi déchirés, dans l'état le plus pitoyable.

Comme Ludovic Halévy l'a constaté dans l'émouvant discours qu'il a prononcé sur sa tombe, Cham avait pour le théâtre une véritable passion.

S'il s'était écouté, il aurait tout quitté pour faire du vaudeville ou de l'opérette.

Ce n'était certes pas l'esprit qui lui manquait.

Quelques-unes de ses pièces sont charmantes. Je citerai, entre autres, le *Myosotis*, un bijou.

Par exemple, Cham était le collaborateur le plus terrible qui se pût imaginer.

Toujours son esprit en éveil sautait d'idée en idée, de mot en mot.

On adoptait un point de départ. A l'improviste, il en proposait un autre. On étudiait le plan d'une scène. Cinquante boutades se jetaient à la traverse. C'était épique, ces imprévus.

Il avait, par exemple, travaillé avec Clairville à un vaudeville qui n'aboutit pas.

Clairville, méticuleux, ponctuel, maniaque, méthodique, écrivant chaque effet, notant la place de chaque calembour. Cham, primesautier, insaisissable, turbulent.

Clairville, assis devant son bureau comme un parfait notaire, rajustait ses lunettes.

— Nous disons donc qu'à la scène deux, la jeune fille entre à gauche.

— Quelle jeune fille ?

— Celle dont Albert est amoureux.

— Quel Albert ?

— Le jeune volontaire d'un an.

— Mon cher, je crois que c'est bien banal. Si nous faisions passer la scène au pôle Nord ?

Soubresaut de Clairville.

— Une troupe de comédiens se rendant au Groënland...

— Mais il ne s'agit pas d'ours ! La jeune fille entre à gauche.

— Permettez. Il me vient un sujet que je crois drôle. Un sultan ridicule a fait réprimer une révolte. Il ordonne d'empaler le chef des conspirateurs. Mais, vu la pénurie des finances, le pal est au mont-de-piété...

— Sac à papier ! il ne s'agit pas de pal. La jeune fille entre à gauche pour la scène deux.

Clairville faillit en devenir fou. La collaboration en resta là.

Où l'on trouvait Cham d'une docilité inattendue, c'était sur le chapitre des remèdes.

Là, au lieu de se dérober sans cesse, il prêtait une attention étrange, toujours prêt à essayer la médication la plus folle recommandée par le premier venu.

Sur un mot dit par n'importe qui auprès de lui, il avalait des flacons de pilules, des bouteilles de sirop. En vain, nous tous, qui l'aimions tant, nous faisions tous nos efforts pour le dissuader de ces dangereuses expériences.

Peine perdue. Il y revenait toujours.

Par contre, la vraie médecine, la médecine des médecins le trouvait rebelle.

Hélas! elle ne devait cependant pas se tromper pour lui.

L'éminent et excellent docteur Sée, qui avait vu Cham deux mois avant sa mort, m'avait dit alors :

— Il est perdu... Il ne passera pas l'année. La phtisie, après avoir sommeillé trente ans peut-être, s'est réveillée soudain. Elle va accélérer sa marche.

Il en a été ainsi. Chaque jour le mal progressait. Courbé en deux, perdant ses forces, quoique sans souffrances aiguës, Cham se regardait mourir.

Il le répétait sans cesse :

— Ce n'est plus par mois, c'est par jours que je dois compter.

Jusqu'à la fin, avec une intrépidité prodigieuse, il essaya pourtant de cacher au public son agonie lente, mais sûre.

Au commencement d'août, cependant, c'en fut fait. Sa main défaillante abandonna le crayon. Ce fut pour nous l'infaillible signe que son heure était venue.

Celui qui n'avait jamais passé une journée sans travail ne devait se reposer que dans la mort.

Elle est venue en effet, fatale, inexorable.

Que votre souvenir lui paye sa dette de reconnaissance, vous tous qu'il a faits joyeux si longtemps !

Celui qui donna tant d'années de gaieté à notre pauvre espèce, assaillie par les chagrins, aigrie par les querelles, traquée sans cesse par les infirmités et les maladies, fut un bienfaiteur de l'humanité.

⁂

La mort d'Auguste de Châtillon, le peintre-poète, a remis sur le tapis les souvenirs de Bohême.

Dieu, que c'est loin déjà, la découverte de Murger ! Une découverte dont il ne fut d'ailleurs que l'Améric Vespuce. Sa bohême à lui n'était qu'une seconde édition.

Il y avait ici, bien longtemps avant les Colline et les Schaunard, une autre couche de bohémisants : celle à qui appartient Châtillon, celle dont l'impasse du Doyenné fut le quartier-général et Gérard de Nerval le martyr.

La bohême romantique, qui n'a rien de commun avec les brutalités voulues, les débraillés prémédités de l'autre. Que serait-ce si je la comparais avec la bohême troisième manière, qui célèbre et pratique présentement le naturalisme dans les caboulots d'alentour?

La bohême romantique était une coureuse d'idéal.

Peu importait qu'elle eût de la boue aux souliers; elle regardait en haut.

Ses misères n'étaient pas des misères de parade. Ses haillons — car elle en portait parfois — n'étaient pas endossés pour la pose.

Ce Gérard de Nerval, qui s'accrocha au barreau d'un réverbère de la rue de la Vieille-Lanterne, sans un sou en poche, était un épris du beau, du grand, du radieux.

Nous sommes loin de là avec les bohêmes qui apothéosent le vil, le laid, le fangeux.

Auguste de Châtillon, lui, ne fut jamais parmi les plus besogneux. Il vivait de pas grand'chose, mais il vivait.

Lorsque je le connus, c'était déjà un homme que les années avaient commencé à refroidir. Il venait souvent dans un atelier ami où, le soir, on se régalait de musique et de vers.

Petit, se ratatinant, grisonnant, il se blotissait dans un coin et écoutait en fumant une pipe inépuisable. C'était seulement quand on l'y provoquait qu'il récitait quelqu'une des pièces de son recueil préféré.

Il disait à la bourgeoise, d'une voix sourde, un peu à la façon d'un élève qui récite une leçon. Pas de relief, pas d'accent.

On ignorait qu'il avait été jadis un incandescent. La lave était si bien refroidie que le volcan ne se laissait même pas soupçonner.

Brave garçon d'ailleurs et fort aimé de tous, malgré la pointe de misanthropie de l'homme qui croit n'avoir pas été apprécié à sa valeur.

A côté de lui, dans ce cénacle amical, que d'excentriques !

Je me rappelle entre autres un étrange et hoffmanesque personnage qui s'appelait Chevalleraut.

On l'avait surnommé Coconnas, je ne sais trop pourquoi.

Grand, maigre, souffreteux, il faisait, pour vivre, des vierges et des saintetés pour la rue Saint-Jacques. Pour vivre!... Ironique formule. Chaque lithographie — il était dessinateur — lui était payée vingt-cinq francs. Et il mettait trois semaines à la faire!

L'intérieur du malheureux artiste était bien l'antre le plus noir qu'ait jamais hanté le dénûment.

Pour tout mobilier, la toile sur laquelle il travaillait, sa chaise, un lit garni d'une paillasse, une corde sur laquelle il faisait sécher sa seconde chemise, et... un trapèze.

Ce trapèze, c'était, d'après lui, la santé à domicile.

Comme la chambre qu'il habitait au sixième était de dimensions plus qu'exiguës, lorsque mon Chevalleraut voulait, entre deux coups de crayon, se livrer à la gymnastique, il était, au préalable, forcé d'ouvrir la fenêtre donnant sur la rue.

Puis il se livrait à ses exercices léotardiens. Et alors les passants qui, soudain, apercevaient deux grandes jambes s'élançant par la croisée béante, s'imaginaient que le corps allait suivre et qu'un suicidé allait leur tomber sur la tête; et ils traversaient la chaussée en poussant des cris d'effarement.

C'était une des récréations favorites de l'artiste, ces terreurs d'en bas.

Eh bien! ce déshérité était un rêveur aux aspirations élevées et généreuses.

Avec quelques beaux vers entendus, il emportait du bonheur pour toute sa semaine de privations.

Aujourd'hui je me figure que les Chevalleraut de la bohême naturalisante n'emportent de leurs réunions, où l'on fouille les bas fonds, que haine contre autrui et désespoir de soi.

Voilà qui marque toute la différence.

Voilà pourquoi aussi le cercueil de cet oublié d'Auguste de Châtillon a provoqué de respectueux saluts. Il évoquait des souvenirs réconfortants et régénérants. Il rappelait la période des luttes viriles et saines, le temps des *Sursum corda* généreux!

* * *

Un nom est revenu en vedette sur l'affiche littéraire : le nom de Mérimée.

Certes, il ne fut jamais parmi les oubliés, et son incontestable saveur sera toujours appréciée par les gourmets de lettres ; mais il avait subi quelque diminution, à la suite de certaines publications d'une gravelure indigne de sa réputation.

Cette fois, c'est par des lettres intimes que Mérimée renaît à la publicité, comme avant lui George Sand. Je ne suis pas parfaitement convaincu qu'il puisse gagner à être présenté en déshabillé de cœur.

On trouve — c'est certain — dans sa correspondance des ironies piquantes sur les hommes et les choses de ce monde impérial auquel il était mêlé de si près ; on trouve aussi, je le veux bien, des clairvoyances de prophète après coup et de conseilleur sans écho.

Mais ce qui fait que Mérimée ne me semble pas fait pour les révélations intimes, c'est que, chez lui, il n'y avait qu'un cerveau.

Le *toc toc* ému et émouvant fait défaut dans ce caractère de sceptique et d'égoïste. De la pensée tant qu'on voudra ; du sentiment sincère et personnel, je ne crois pas.

Prosper Mérimée était un insoucieux d'autrui, et cette insouciance allait quelquefois jusqu'à dédaigner sa propre gloire. Il traversait la vie en regardeur curieux et blasé, en railleur froid et correct.

Il ne s'agit pas d'amoindrir en rien son mérite pour cela. On n'a, quoi qu'on en ait prétendu, nullement besoin d'aimer l'homme pour apprécier l'écrivain. C'est même un travers de notre époque que de toujours vouloir mettre sur le même plan l'individualité et l'œuvre. On potine trop sur les célébrités. Je vous demande un peu ce que peut me faire le tempérament bilieux ou sanguin de Sophocle, quand je lis ses immortelles tragédies.

Je ne suis pas même de ceux qui s'intéressent aux révélations ou commérages dont on surcharge le souvenir d'un Molière. Il est tout entier pour moi dans *Tartufe*, dans le *Misanthrope*, dans les *Femmes savantes*, dans ces monuments du génie qui me cachent complètement le bonhomme de chair et d'os qui a été soumis aux infirmités de la nature humaine, aux infortunes du ménage, qui a toussé, qui s'est purgé,—malgré ses quolibets contre les purgations, — qui a été jaloux d'une femme indigne, qui s'est enfin rapetissé, malgré lui, au niveau de toutes nos débilités.

*
* *

On a parlé des œuvres de Ponsard lors de la reprise de *l'Honneur et l'Argent*. On a parlé de sa vie; on a oublié sa mort.

Elle fut horrible, et je me rappelle, à ce propos, un détail navrant, terrible, qui me fut donné par Émile Augier.

Une amitié fidèle — que n'obscurcit jamais l'ombre d'une jalousie — unissait Augier et Ponsard. La veille du soir où devait être représenté le *Lion amoureux*, la dernière œuvre de l'auteur de *Lucrèce*, Augier vint le voir.

Il était, dans sa petite maisonnette de Passy, couché sur son lit de douleur et torturé par les effroyables souffrances du cancer.

Augier lui parla de la bataille du lendemain, de la victoire qui serait certainement remportée. Il le ranima ainsi, détourna sa pensée de son mal, le réconforta jusqu'à le faire sourire.

Puis, en le quittant :

— Demain, lui dit-il, je t'enverrai des dépêches qui te rendront compte de l'effet produit acte par acte.

— Oh ! oui ! fit Ponsard avec une joie d'enfant, n'oublie pas !

Le lendemain, Augier, fidèle à sa promesse, expédia les dépêches. Autant de bulletins de triomphe.

Puis lui-même, à minuit et demi, il sauta dans une voiture et se fit conduire à Passy.

Hélas ! spectacle douloureux !... Le malade avait ouvert le premier pli... Puis la souffrance avait repris le dessus avec tant d'acharnement qu'il n'avait pas même eu la force d'ouvrir les autres, qui gisaient, fermés encore, au pied de son lit.

— Quand je vis cela, nous disait Augier, j'éprouvai un des chagrins les plus profonds de toute ma vie, et les larmes jaillirent malgré moi de mes yeux.

Il était, en effet, si affreux, le contraste de ces bravos lointains et de cette chambre morne, où l'on n'avait même plus le courage de les écouter !...

Pauvre Ponsard !

* *

Il est bien difficile de se remettre dans le mouvement lorsqu'on a cessé d'y être.

C'est ce qu'a cru devoir tenter M. Octave Feuillet, dont on regrettait depuis trop longtemps l'abstention. Je parle au point de vue théâtral, car c'est par une pièce inédite qu'il s'est mis en tête de reconquérir son public.

La pièce est promise, avec parafe, au Gymnase, qui en fera le *clou* de son hiver.

Nous nous en félicitons doublement — et à cause du régal littéraire promis, et à cause du symptôme favorable que la nouvelle nous apporte sur la santé de l'écrivain, un peu ébranlée naguère.

Dame ! on ne se dépense pas impunément en efforts ardents.

Quand on creuse lourdement son sillon, à la manière de M. Émile Zola, quand on marche droit devant soi, tête baissée, avec l'orgueil inébranlable pour soutien, on ne connaît pas ces fièvres d'angoisse qui secouent les vrais artistes, épris de leur art au lieu d'être épris d'eux-mêmes.

Octave Feuillet est un de ceux qui ont le plus souvent passé par les alternatives du doute et de l'élan. D'où un énervement qui se révèle dans les moindres détails de la vie.

Pour le travail surtout, il lui faut une absolue solitude, un calme que ne trouble pas même le grincement d'une porte ou le craquement d'un meuble.

On battrait du tambour sous les fenêtres de M. Zola qu'il ne s'en apercevrait pas, j'en suis sûr. Il pense à lui !

M. Octave Feuillet est présentement un homme dans la soixantaine. Barbe mêlée de gris et de blond roux, portée entière. Front dégarni. La fatigue a laissé son empreinte sur les traits, qui n'ont ni la correction classique, ni une incorrection fantaisiste. Un type du jour souvent rencontré. L'expression première est mélancolique. Ne croyez cependant pas avoir affaire à un homme qui pose pour la *tristesse fatale*, comme les héros de 1830. Au contraire, la gaieté vient facilement, si quelque joyeux propos lui est conté. Un calembour même le déride.

Il sera fort curieux de voir ce que ce talent, qui s'affirma puissamment dans *Dalila*, dans le *Roman d'un Jeune homme pauvre*, est devenu dans le repos prolongé.

*
* *

Un nom nouveau.
Nouveau du moins pour le théâtre.

Pendant longtemps, en effet, M. Widor ne s'était fait connaître que par son talent d'organiste,— et aussi par quelques compositions d'un caractère sévère, presque classique.

Il a fini par aborder la scène, et l'on sait quel succès a obtenu son ballet de la *Korrigane*.

M. Widor est présentement un jeune d'une trentaine d'années, — à vue d'œil, car je n'ai pas scruté les mystères de son extrait de naissance. L'aspect général de la tête est fatigué. Le teint est pâle; les cheveux coupés en brosse se clairsèment déjà sur le sommet de la tête. L'œil, d'une expression lassée et qui se voile volontiers de mélancolie, est un peu proéminent. *Boôpis*, disait le grec pour Minerve. L'épithète n'a donc rien qui puisse offenser.

Pas de barbe. Rien qu'une petite moustache qui ponctue de brun la matité de cette physionomie songeuse.

La démarche confirme la lassitude révélée par les traits. Le corps se voûte prématurément.

Nous avons évidemment affaire à une nature qui se replie et non à une nature qui se redresse.

Fort simple et fort modeste, en effet, le musicien de la *Korrigane* mène une vie fort laborieuse et généralement retirée.

Organiste de Saint-Sulpice, il habite un coin tranquille du quartier.

Chaque soir, avec une régularité chronométrique, on le voit — car il est célibataire — s'acheminer vers le restaurant Foyot, où il s'installe sans bruit dans le même petit salon du rez-de-chaussée, où il échange à peine quelques mots avec quelque habitué, où il dîne vite, d'où il sort en se glissant, comme il est arrivé.

On peut répondre que celui-là n'est point un virtuose de la réclame, un tapageur du puffisme. L'apparence ici n'est pas trompeuse.

M. Widor, en effet, n'arrive que par la force du mérite ; en dehors de toute coterie, il a pioché solitairement. Si le succès est venu, c'est bien sans charlatanisme.

Étant donné le tempérament que nous avons indiqué, M. Widor, — bien qu'il ait composé et exécuté avec un *brio* rare de très entraînantes valses, — n'était pas l'homme de la musique *opérettiforme*, et c'est celle-là qui mène à tout pour le quart d'heure. Passant la plupart de son temps avec les orgues austères de la maison Cavaillé-Coll, à laquelle il est attaché, il ne songeait même pas, — fort probablement, — à se fourvoyer dans le monde des danseuses, où il a dû se sentir un peu étourdi.

Ne pas croire pour cela qu'il y ait de la misanthropie dans son cas. C'est un causeur doux et aimable, dont la timide bonne grâce paraît fort appréciée des dames.

Est-ce la musique sacrée qui le gardera définitivement ? Est-ce le théâtre qui l'accaparera ?

Je ne me charge pas de prononcer.

* *
*

Un des hommes les plus angoissés de France,

c'est à coup sûr, par moment, ce pauvre M. Vaucorbeil.

Le public insoucieux ne se doute pas de ce que chaque représentation, par les mois d'intempéries, coûte d'anxiétés et de sursauts au malheureux *impresario* chargé de lui organiser ses plaisirs.

Dès le matin, craintif et frémissant, M. Vaucorbeil saute à bas du lit. Dare dare, il s'habille et demande son courrier.

C'est le premier acte du drame... Le courrier de Damoclès!... Qu'apportent-elles, ces lettres closes dont il interroge du regard la forme et l'écriture?

— Oh! ces pattes de mouche!... quelque chanteuse qui... (Il décachète d'une main frémissante...) Non! une demande de places pour ce soir... Respirons un peu... Ce pli portant la mention : *Urgente!* ce pli que je n'avais pas vu... Ciel!... un de mes ténors qui... Non!... simple avis administratif du ministère... Rien encore dans cette enveloppe... ni dans cette autre!... Ouf!

Ce soupir de satisfaction exhalé, le directeur de l'Opéra achève sa toilette et s'achemine vers le théâtre, — où la scène du courrier a un deuxième acte.

Merci, mon Dieu ! seulement deux ou trois rhumes de choristes et une entorse dans le corps de ballet... Accidents faciles à réparer...

M. Vaucorbeil déjeune.

Mais ne croyez pas que tout soit dit. C'est l'imprévu de la journée qui est le grand ennemi... celui qui fond sur vous au moment où l'on y pense le moins et à la dernière heure.

Patatras ! Le voilà qui apparaît menaçant, sous la forme d'un *trottin* du télégraphe.

Ces bambins télégraphiques ne se doutent pas des tribulations que leur uniforme bleu cause à un *impresario* sur le qui-vive.

Cette fois, tout est perdu... Mlle X..., atteinte d'un enrouement subit... Vous savez la formule.

En avant le fidèle Colleuille !... Il court chez une première doublure... Elle vient de se poser un rigollot et le médecin lui a défendu de mettre même le nez à la fenêtre... Chez une seconde...

Chez une troisième... Allons! il faut changer le spectacle.

Vite chez l'afficheur... Mais la *Juive* manque d'un rôle d'homme... Les basses sont compromises... On passe au *Trouvère* : les barytons sont sur le flanc... Avec un ballet et le *Freyschutz* peut-être... Oui... La combinaison est trouvée.

Mais qui sait si d'ici à huit heures?...

M. Vaucorbeil court s'enfermer chez lui... Il n'y est pour personne.

On a sonné pourtant... Le domestique pénètre... Un monsieur est là, porteur d'un papier... Il insiste pour qu'on le remette. Une sueur froide perle sur le front directorial. Cette insistance ne peut présager qu'un nouvel accroc.

Au diable l'importun!... C'est un mendiant à domicile qui présente des certificats de dénuement... Mais, ma foi! on est si content que ce ne soit pas autre chose, qu'on lui donne un louis...

Six heures... à table!... Le dîner est troublé encore par deux ou trois coups de timbre. Fausses alertes.

A sept heures, M. Vaucorbeil retourne au théâtre. C'est d'une voix brisée qu'il demande en arrivant :

— Pas de télégrammes?

Néant... Il peut enfin se croire sauvé !

Mais après-demain, il faudra recommencer cette aimable existence-là.

O temps capricieux et sans pitié ! quels martyrs tu fais !

*
* *

L'événement littéraire de nos jours a été l'éclatant succès à la Comédie-Française d'une pièce nouvelle d'Édouard Pailleron.

La Comédie-Française ne prodigue pas ses solennités. Deux fois par hiver, tout au plus, elle nous convoque. Aussi la rareté de ces cérémonies en double-t-elle l'intérêt.

Il y aurait à écrire une *Physiologie des premières représentations*, si ce genre, autrefois si florissant, n'était tombé en désuétude. En effet, suivant le théâtre, l'aspect, les types et la tonalité varient complètement.

J'ai entendu souvent répéter cette phrase qui tourne au cliché : « *Le monde des premières* ». Il y a en effet un certain nombre de privilégiés — ou de condamnés — qui par goût ou par profession se retrouvent à toutes les inaugurations théâtrales. Mais n'empêche que les soirs se suivent sans se ressembler du tout.

Prenez les mêmes gens et mettez-les dans un autre milieu, — changement à vue.

C'est ainsi, par exemple, qu'une première de la Comédie-Française ne ressemble pas plus à une première de l'Odéon que le vin de Bordeaux ne ressemble au vin de Champagne.

A l'Odéon, dès que le public se répand dans les couloirs et dans le foyer, la controverse s'allume ardente, jeune, légèrement tapageuse. A la

Comédie-Française, la discussion se fait majestueuse, calme, académique.

A l'Odéon, c'est de la critique en redingote. A la Comédie-Française, c'est de la critique en habit noir.

Plus de houle. Plus de paradoxes jetant leur bonnet par-dessus les moulins. Plus d'argot entrecoupant les dialogues d'alentour. Les colloques chuchotent. Les appréciations s'enguirlandent.

Je ne choisis pas. Je constate. Si cependant j'avais à me prononcer, j'opterais en toute sincérité pour la formule de l'Odéon.

Elle a peut-être moins de tenue, mais combien elle a plus d'élan !

Ceci soit dit en manière de thèse générale et non pour le cas particulier du *Monde où l'on s'ennuie*. Car jamais je ne vis les gravités de la rue de Richelieu en aussi belle humeur que le jour de la première représentation. C'est si bon et si rare une pièce gaie ! Et gaie avec esprit...

Le lecteur est friand de détails et de racontars

sur les œuvres nouvelles aussi bien que sur leurs auteurs.

Disons en quelques mots la façon dont le *Monde où l'on s'ennuie* est venu à maturité.

Tout n'est pas rose dans le métier d'écrivain dramatique et il faut avoir l'*æs triplex* pour en affronter les épreuves sans nombre. Surtout lorsqu'on est, comme Pailleron, à la tête d'une fortune qui permettrait, qui conseillerait même l'oisiveté.

Pailleron avait commencé un drame quand des avis amicaux le dissuadèrent, lui représentant que plusieurs tentatives du genre dramatique venaient d'être faites dans la maison de Molière, tandis que le rire, recommandé cependant par un tel patronage, y était trop délaissé par les auteurs modernes.

Conclusion : Faites plutôt une pièce amusante.

D'autres se seraient entêtés. Pailleron se remit énergiquement à la besogne nouvelle.

Notez que ceci se passait au printemps. Les lilas fleurissaient. Les oiseaux chantaient le chant du départ. Les malles se bouclaient. C'était le commencement de l'hégire annuelle qui dépeuple Paris, emportant les uns vers les champs, les autres vers la mer.

Il s'agissait de dire adieu aux projets de voyage, de renoncer aux mois de repos charmant, passés là-bas, en Savoie, sous les grands arbres d'une pittoresque résidence. Il s'agissait de se claquemurer à l'heure où tout le monde prenait sa volée, de subir en pleine canicule les odeurs de Paris, d'errer à travers les rues désertes sans rencontrer un visage ami. Il s'agissait d'affronter le terrible :

Qu'il reste seul... avec son manuscrit!

Pailleron n'hésita pas et, pendant les cinq mois de villégiature, il se condamna au Paris forcé, piochant sans relâche et sans distraction.

Savez-vous qu'il faut une fière volonté pour s'imposer de ces tâches-là !

Je vous présente, d'ailleurs, en fait de volonté, un des caractères les mieux trempés de la littérature actuelle.

La tête prévient. Elle a les lignes fermes qui révèlent un opiniâtre.

L'œil, d'un éclat métallique, regarde droit devant lui, avec la résolution qui veut passer et qui passera.

Je ne ferai pas à Pailleron le banal compliment qui le pourrait classer parmi les jolis garçons. Il vaut mieux que cela.

Très moderne et très pratique, tout en restant épris d'idéal, il sait faire, dans la vie, la part aux nécessités de l'hygiène. Grand chasseur devant l'Éternel, marcheur intrépide, entre deux séances d'un labeur acharné, il arpente les rues de Paris à la recherche de quelque bibelot rare, lorsqu'il n'a pas le temps d'aller poursuivre le lièvre et le perdreau.

Sa maison est un des centres intelligents de Paris.

En pourrait-il être différemment, avec des commensaux tels qu'Augier, Dumas, Labiche, Camille Doucet, Gaston Boissier, About, Octave

Feuillet, Henri Rivière? Sans parler des peintres en nombre : Heilbuth, Jacquet, Guillemet, Detaille, etc.; des journalistes de toute nuance, des savants, des... Il y en a pour tous les goûts.

Le lundi, rendez-vous intime. Chacun vient comme il lui plaît. La cravate blanche n'est pas exclue, mais l'habit et l'esprit de tous les jours sont accueillis à bras ouverts.

L'hospitalité est large et cordiale — sans banalité.

Car c'est un des traits distinctifs du tempérament de Pailleron de ne se jeter à la tête de personne. Il a des affections solides, sans démonstrations zélées.

L'étape, tout indiquée maintenant de sa carrière, c'est l'entrée à l'Académie, où il fera figure par l'alliance d'un talent délicat et d'un caractère toujours soucieux de sa dignité.

Il faut seulement qu'un immortel ayant donné le démenti suprême à son qualificatif, les survivants comprennent que l'heure est venue de faire un choix vraiment littéraire.

AFFAIRE CARO-PAILLERON... *Accusation d'aris-*

tophanisme à plume armée. Demandez les curieux détails !

Ainsi auraient pu, par les rues de la capitale, bramer les crieurs d'actualités. Il y a eu, en effet, une affaire Pailleron-Caro... pour les badauds.

Car, au fond, pas de quoi fouetter une crème !

Au reste, le public consciencieux s'est trouvé directement édifié à ce sujet. Édouard Pailleron, en effet, a fait précéder d'une préface son *Monde où l'on s'ennuie,* préface qui précisément a eu pour but de répondre aux imputations d'agressive personnalité.

Pailleron, en quelques lignes dignes et vraies, déclare que jamais son intention n'a été de citer telle ou telle individualité, que la comédie fait le total des travers de son temps, qu'elle emprunte un trait de ci, un trait de là, à la façon de l'abeille qui compose son miel avec des parcelles de vingt fleurs.

Ce ne sont pas récriminations nouvelles que

celles dont le *Monde où l'on s'ennuie* est devenu le prétexte.

Relisez l'histoire des démêlés de Molière avec ses contemporains. Moi, ce qui toujours m'étonne en semblable aventure, c'est que le modèle ait l'imprudence de se reconnaître. Ne joue-t-il pas alors un rôle semblable à celui de ce personnage qui eut avec un photographe des démêlés si bizarres ?

Le photographe avait fait un portrait du monsieur.

Le monsieur déclare qu'il n'est pas ressemblant et refuse d'en prendre livraison.

Le photographe coupe alors la tête, la colle sur le corps d'un âne et l'expose à sa vitrine.

Fureur du monsieur, qui proteste et veut faire cesser l'exhibition. Riposte du photographe, qui, plein de logique, dit :

— Pardon ! Vous avez prétendu que votre portrait ne vous ressemblait pas. Donc nul ne pourra vous reconnaître. Donc j'ai le droit de m'en servir à ma guise... Ou bien, s'il vous ressemble, prenez-le et payez-moi.

Quand un portraituré de la comédie fait mine de se fâcher, la réflexion qui vient tout de suite à l'esprit du public est celle-ci :

— Il s'est donc reconnu? Il se trouve donc ressemblant?

Je laisse de côté maintenant, dans mon commentaire, le cas spécial dont il s'agit.

M. Caro est un professeur à la mode. Peut-il avoir la prétention qu'on n'ait pas le droit de supposer un autre professeur à la mode que lui?

D'ailleurs, je le répète, M. Pailleron affirme qu'il ne l'a pas visé.

Mais je vais plus loin et j'affirme qu'il y était autorisé par le bon sens. Comment! Le journal, la caricature, ont des immunités illimitées. On a pu parler du cours de M. Caro avec toutes les ironies possibles. On a pu dessiner les types d'assidues. On a pu charger le maître même.

Et au théâtre une simple allusion serait criminelle! Allons donc! Il est absurdement inique, ce système des deux poids et des deux mesures!

On appartient à la publicité ou on ne lui appartient pas.

Quelle anomalie baroque ce serait! On serai libre de bafouer, de turlupiner, de piétiner les ministres, les députés, les chefs d'État, les artistes, tout le monde.

Et il y aurait inviolabilité pour M. X... ou pour M. Y..., contre qui le coup d'épingle deviendrait attentat!

Ce n'est pas soutenable, n'est-ce pas?

M. Caro, à qui je reviens, est d'ailleurs trop intelligent pour ne pas comprendre qu'il y a tout profit à ces petits émois. La Renommée a une trompette à la main, et la trompette c'est le bruit.

Aussi comme ils ont été malavisés, les amis de Jarnac qui ont menacé, au nom de M. Caro, M. Pailleron de représailles académiques, disant :

— On vous fera expier, un de ces jours, cette témérité excessive. M. Caro vous barrera la route de l'Institut!

J'ai lu cela.

D'abord M. Caro a-t-il la puissance de barrer à lui seul cette route? A-t-il la clé dans sa poche?... L'eût-il que c'est un trop galant homme pour satisfaire à ce prix des rancunes non fondées.

Quelle belle opinion ces excès de zèle des complaisants donnent à la galerie, en faisant entendre que, dans les élections académiques, la vendetta passe avant l'équité!

Tapage futile dont il ne restera rien. MM. Caro et Pailleron sont dans les meilleurs termes de réciproque estime. Leurs deux succès sont simultanés et parallèles. Ils n'ont pas à se heurter.

*
*

Une touchante cérémonie a eu lieu à Ville-d'Avray.

On y a inauguré un buste de Corot, non loin de ces étangs qu'il aima tant et qui lui inspirèrent de si admirables pages.

Corot avait là une maisonnette intime qu'il avait décorée de ses peintures. A la fenêtre, le passant apercevait, la *pipette* aux lèvres, un vieillard frais et souriant. C'était le maître, dont la juvénile gaieté éclatait sous des cheveux blancs.

Des roses dans la neige.

Une autre célébrité aimait aussi à contempler ce merveilleux paysage. Balzac fut un des fidèles des étangs de Ville-d'Avray. Mais quel contraste entre ces deux amants de la même nature !

Corot avait la contemplation profonde, sereine, sincère. Il n'ambitionnait rien que le bonheur de savourer les caresses du soleil et les sourires de l'horizon.

C'était son but atteint que cette douce retraite.

Pour Balzac, ce n'était qu'une courte trêve.

Son esprit, même en face des quiétudes du paysage, restait inquiet et tourmenté. Combien de fois ne dut-il pas lui arriver de regarder sans voir, assailli qu'il était par les angoisses d'une imagination perpétuellement en éveil, par les rêves de fortune et d'industrie qui poursuivaient sans rémission ce grand écrivain diminué par la soif du gain!

Corot, au contraire, ignorait le prix de l'argent, en dehors de la bienfaisance.

Rapprochement singulièrement contrasté que celui de ces deux figures dont la postérité gardera le souvenir, et qui, sur le même coin de campagne, ont passé épris d'un idéal si dissemblable!

***

Inauguration d'un autre monument funèbre.

Le buste est celui de Samson, un des anciens de la Comédie-Française.

Je ne sais pas trop qui l'a remplacé, cet absent-là. Sans doute la maison de Molière et Cie possède des artistes d'un incontestable talent. Mais Samson était un comédien d'une allure personnelle, qui n'a laissé ni tradition, ni successeur.

Roqueplan disait de lui :

— Quel tour de force ! Il trouve moyen de parler du nez qu'il n'a pas !

En effet, il était impossible d'être plus absolument camard et plus nasillard en même temps. Eh bien, malgré ces imperfections de nature, Samson n'arrivait pas seulement au comique. Il arrivait, comme dans *Mademoiselle de la Seiglière*, à une suprême dignité, à une aristocratie narquoise dont le secret me semble perdu.

Très beau, le buste de Crauk, qui fut un admirateur et un ami de Samson.

Maintenant, — pour être juste, — quand ramènera-t-on en France les cendres du pauvre Arnal, si cruellement dédaigné, si tristement abandonné dans un coin de cimetière étranger, loin de ce Paris qu'il amusa pendant quarante ans ?

***

Un homme s'en est allé, qui avait fait sauter pendant trente ans sans sauter jamais !

Cet homme, c'était le contrôleur des bals de l'Opéra.

On l'appelait Chevalier.

Devant lui, impassible et grave en sa blanche cravate, ont défilé des générations de débardeurs, des races de pierrots et de pierrettes. Il put suivre ainsi, du haut de sa chaise non curule, les étapes de la décadence du quadrille. Sujet de méditation pour un observateur.

C'était lui qui était chargé des *entrées de faveur*, faveur consistant à se trémousser toute la nuit en glapissant des *Ohé!* à prix fixe dans ces bacchanales tarifées. Il fallait un certain tact pour contrôler à la porte les demoiselles qui menaçaient d'être trop folâtres et aussi celles qui risquaient d'être trop comme il faut.

Doser la folie. Occupation bizarre et épineuse.

Lorsque le défunt entra en fonctions, il y avait encore des gens qui s'amusaient pour leur argent. Il n'y a même plus de gens qui réussissent à amuser pour l'argent qu'on leur donne. Les *entraîneurs* de bals masqués secouent, au milieu d'une glaciale torpeur, leurs désossements professionnels.

C'est triste à en pleurer. Le cancan macabre!

Le brave Chevalier aura sans doute pensé que sa mission était terminée. Il n'a pas survécu à cet enfouissement de feu la gaieté française.

Il avait assisté au trépas de Chicard et à la dégringolade de Rigolboche. Il avait vu le mot *spleen* pénétrer dans le dictionnaire national.

Il est parti en désespérant de l'avenir de l'avant-deux.

※
* *

Il y a la saison de la pousse des statues, comme il y a la saison de la chute des feuilles.

Les organisateurs des fêtes qui inaugurent le bronze ou le marbre, tenant naturellement à ce que la solennité ait le plus de retentissement possible, ont soin toujours de choisir l'époque où la politique fait relâche.

C'est, en conséquence, pendant les vacances parlementaires qu'on inaugure invariablement. Alors les morts n'ont pas à craindre la concurrence des vivants.

Ceci vous explique pourquoi, le même jour, on a honoré Denfert et Arago.

Tout a été dit et redit sur ce grand astronome.

Pourtant un de ses amis m'a rapporté un mot de lui qui vaut qu'on le conserve.

Arago, comme tous les hommes qui conquièrent la célébrité, avait fait des envieux. Parmi ceux-ci, un savantasse qui, dans des diatribes misérables, essayait de temps en temps de remettre en action la fable où le serpent s'en prend à la lime.

Un jour, il venait de publier dans un journal une attaque plus grossière encore que les autres.

L'ami en question crut devoir en informer Arago :

— Vous savez que X... vous a injurié ?

— Moi ? Non... J'ai, par bonheur, une profession qui m'oblige à toujours regarder en haut.

*
* *

C'est hors de doute maintenant : Dumas aura sa statue.

Les fonds sont presque entièrement réunis, et le complément sera trouvé avant peu.

On peut dire que celui-là n'aura pas volé l'honneur que trop souvent on décerne à tort et à travers.

— Si Dumas avait su s'économiser, disait un jour Mérimée, il aurait été le plus grand homme de son siècle.

A quoi bon cette économie ?

Dumas était un expansif. S'il avait cherché à violenter sa nature, il n'aurait plus été Dumas.

Cet exubérant avait besoin de se répandre, tout comme son fils a besoin de se concentrer. Tant pis pour qui ne le comprenait pas! Mérimée, avec sa puissance de miniaturiste, était le moins fait de tous les contemporains pour sympathiser avec ce Paul Véronèse, brossant large et d'un infatigable pinceau !

L'homme, chez Dumas, ne faisait qu'un, d'ailleurs, avec le style.

S'économiser !... Il nous la baillait belle, Mérimée... S'économiser !

Un verbe qui ne pouvait pas être français pour Alexandre Dumas.

S'économiser !... Voici comme il pratiquait en ces matières :

Un jour, — c'était lors de son installation à Monte-Cristo, — Dumas avait réuni à dîner de nombreux amis.

Comme il revenait, gagnant la gare Saint-Lazare, son regard est attiré, sur le boulevard, par une magnifique pièce d'argenterie.

Un vrai bijou ancien.

— Parbleu ! voilà qui fera joliment sur la table ce soir.

Dumas entre.

— Dix mille francs, demande-t-on.

Il venait justement de toucher de l'argent.

— Je n'ai que huit mille cinq cents francs, dit-il ; ça vous va-t-il ?

— Prenez.

Il fait emballer l'objet, monte dans une voiture, et en route !

Arrivé à Monte-Cristo, il étale son acquisition, l'admire, la tourne, la retourne.

Au milieu de son extase, il est interrompu par sa cuisinière.

— Qu'y a-t-il ?

— Je viens prendre la commande pour ce soir.

— Comment, pour ce soir ? et il est quatre heures !

— C'est que...

— Quoi ?

— Les fournisseurs m'ont refusé crédit.

— Par exemple !

— Et moi-même je n'ai plus d'argent.

— N'est-ce que cela ? Attendez.

Dumas se fouille consciencieusement, ayant oublié sa dépense improvisée. Pas un sou !...

Le soir, les invités mangèrent, sur la table ornée du surtout admirable, un menu composé de dix francs de charcuterie !

Tout Dumas est là.

N'allez pas croire, d'ailleurs, que ce fût là un fait exceptionnel. Non, du temps de Monte-Cristo,

— la Folie-Dumas, comme disait Léon Gozlan, — dans cette bicoque baroque où le grand romancier avait raffiné l'élégance et le confortable, on se trouvait à chaque instant sans un sou vaillant au milieu de ces splendeurs.

Alors on envoyait vendre un plat d'argent pour payer le dîner du soir. Toujours douze couverts au moins, sans compter l'imprévu.

Et l'imprévu, c'était quelquefois une douzaine de convives supplémentaires.

Dumas en riait à se tordre.

— C'est drôle, disait-il, moi qui croyais m'être mis sur une route où il ne passait personne...

La grande époque tout de même que celle où donnait à la fois cette élite qui avait nom : Dumas, Balzac, Soulié, Sue, Sand, Ch. de Bernard.

Cela rien que dans le roman !

On n'intitulait pas alors son volume : *Un mâle*, pour attirer le badaud, comme la chose se fait présentement. Mais les mâles vrais, c'étaient eux, les infatigables, les émouvants, les féconds !

* * *

Tout à fait en dehors de cette galerie-là s'est placée la figure d'Armand Carrel dont Rouen veut faire revivre l'image par le bronze.

Carrel professait même un dédain prémédité pour tout ce qui était œuvre d'imagination.

Il disait :

— Il n'y a qu'un grand roman : l'Histoire.

Un peu de solennité — au dire de ses meilleurs amis — dans cet inflexible qui posait inconsciemment.

Un cœur d'or se dissimulait sous ces dehors hautains. Leur rigidité quasi disciplinaire tenait à ce reste de militarisme que l'Empire avait laissé derrière lui.

Mais jamais camarade plus serviable, plus dévoué, plus loyal ne se rencontra.

Carrel était le premier, en ses jours de bonne humeur, à rire de la rudesse de son allure :

— Oui, je sais bien, faisait-il, j'ai des tessons sur mon mur...

La statue d'Armand Carrel — en dehors de toute question d'opinion politique — me paraît arriver fort à propos.

Si ce souvenir pouvait ramener les esprits vers d'autres goûts et vers une autre presse : celle où les reporters n'avaient pas pris encore la place des écrivains !

**

M. Ferdinand de Lesseps, l'infatigable, pourrait être appelé *le grand unisseur de peuples*.

N'est-elle pas prodigieuse cette organisation de fer qu'aucune peine ne rebute, qu'aucune impossibilité ne décourage, qu'aucun labeur ne lasse?

A peine revenu d'un voyage à l'effroyable précipitation, M. de Lesseps ne tient pas en place.

La fois dernière, impatient de son inactivité, il a fallu qu'il remontât en chemin de fer. Il s'en est allé visiter l'École de Saint-Cyr, où un accueil chaleureux lui a été fait. D'autant plus chaleureux qu'il a obtenu qu'on levât toutes les punitions.

Par exemple, celui qui n'était pas prévenu aurait eu du mal à reconnaître M. de Lesseps, retour de Panama. Durant la traversée, il avait, en effet, laissé croître sa barbe, — qu'il a rasée de nouveau, — ce qui déroutait complètement le regard et modifiait le type connu du célèbre ingénieur.

Le banquet du Continental lui était bien dû. C'est le moins que nous puissions faire, après les enthousiasmes prodigués à Nordenskiold, que d'honorer notre vaillant compatriote à l'égal de l'explorateur étranger.

Au dehors, d'ailleurs, M. de Lesseps a reçu les témoignages les plus ardents de sympathie.

Quelques-uns même se sont produits avec un caractère de très bizarre vivacité.

Exemple :

A Chicago, M. de Lesseps descend dans un hôtel où il est installé avec tout le confort souhaitable.

Il y séjourne plusieurs jours.

Au moment du départ, il sonne le garçon et demande sa note. L'autre s'incline, — mais ne reparaît pas.

M. de Lesseps, après une attente, sonne de nouveau. Même jeu. Un autre garçon reçoit l'ordre, s'incline et disparaît.

Trois tentatives ont un résultat identique.

A la fin, M. de Lesseps prend le parti de descendre lui-même pour parler au directeur de l'hôtel.

Celui-ci repousse absolument les offres de payement. M. de Lesseps insiste. Le directeur résiste. Lutte courtoise pendant dix minutes.

A la fin, M. de Lesseps fait mine de se fâcher.

On lui apporte une addition qu'il règle. Puis il s'achemine vers la voiture qui l'attendait pour le conduire à la gare.

Le maître de l'hôtel s'élance pour lui porter un sac qu'il tenait à la main et l'escorte avec force révérences.

La séparation achevée, M. de Lesseps, qui a besoin de je ne sais quel objet, presse le ressort du petit sac et trouve dedans... quoi? L'argent qu'il avait fait accepter de force par son hôtelier et que celui-ci avait adroitement restitué ainsi.

Comment protester contre cette violence? En Amérique, l'admiration, comme tout le reste, se traduit en chiffres. Le brave hôtelier avait fait de son mieux pour manifester son enthousiasme.

On sait que M. de Lesseps ne connaît pas d'obstacles.

Non content de raturer la création, non content de défier le temps et d'être chaque année le plus heureux des pères, il s'est senti attiré vers les succès de *high life* et s'est présenté au Jockey-Club.

Inutile d'ajouter que le cercle de toutes les

aristocraties ne pouvait qu'être fier de s'annexer ce nom-là.

Charmant causeur, il est le premier à rappeler ses soixante-treize ans sonnés.

A propos de cette candidature, il disait avec son sourire narquois :

— Candidat à mon âge !... C'est téméraire... Mais en fait d'années, je commence à croire que je joue le décompte.

*
* *

On a vendu la bibliothèque des deux Musset, mais l'événement n'a pas eu toute l'importance qu'on croyait pouvoir y attacher.

Il y a eu pour quelques-uns déception à voir la pauvreté de la bibliothèque d'Alfred de Musset, conservée ensuite par Paul, et aussi le peu de curiosité qu'a excité cette enchère littéraire.

Pour notre compte, nous savions à quoi nous en tenir, et quand bien même nous ne l'aurions pas su, nous aurions été renseigné par le caractère même de l'auteur de *Namouna*.

Alfred de Musset n'avait rien de ce qui fait les bibliophiles et les bibliomanes. Il vivait trop de lui-même pour vivre beaucoup par les autres. Est-ce que son talent avait quelque chose à emprunter à personne? Est-ce que ses sensations si personnelles ne lui dictaient pas seules les pages vibrantes qui perpétueront son nom?

Les producteurs originaux sont rarement des liseurs.

M. Villemain, qui, au contraire, était un homme de reflet et d'étude, ne pouvait écrire une ligne sans s'être préalablement entraîné. Il appelait cela *remettre du bois dans le feu.*

Alfred de Musset n'avait pas besoin du bien d'autrui. C'était de sa propre substance qu'il alimentait son foyer.

Puis, — il faut le dire, — c'était un rêveur.

Les bourgeois diraient : un paresseux. Quand il n'écrivait pas, il regardait en dedans de lui-même.

Je ne parle pas, bien entendu, de la période finale, durant laquelle l'affreux alcoolisme le rongea peu à peu jusqu'à ce qu'il ne restât plus rien, absolument plus rien, de ce qui avait été l'enthousiasme d'une génération.

L'abominable passion en était arrivée à un degré d'invraisemblable ténacité. Et ce suicide involontaire dura de longues années, comme l'atteste ce souvenir :

En 1851, Altaroche, qui était directeur de l'Odéon, eut l'intention de monter je ne sais quelle petite pièce du poète. Mais il fallait son consentement préalable et aussi son avis sur certaines modifications qui paraissaient nécessaires pour l'adaptation à la scène.

On prévint Altaroche.

— Allez-y de bonne heure, lui dit-on, si vous voulez le trouver lucide.

— J'irai demain, vers dix heures du matin.

— Non... Plus tôt.

— Comment?

— Croyez-nous, plus tôt!

Altaroche, le lendemain, tirait, le matin à sept heures, le cordon de la sonnette d'Alfred de Musset, qui vint ouvrir lui-même, son domestique étant couché encore à l'étage supérieur.

Le visiteur lui expliqua ou, — pour être plus exact — commença à lui expliquer le but de sa visite. Mais il ne tarda point à s'interrompre, s'apercevant que Musset n'était déjà plus en état de lui donner une réplique utile.

Et, en effet, sur sa table de nuit se trouvait une bouteille d'eau-de-vie à demi vidée.

Il buvait même la nuit, quand il se réveillait!...

Détournons ces odieux souvenirs, qu'on s'est efforcé de poétiser par je ne sais quelle légende de désespérance.

Regardons plutôt, comme un touchant exemple, la fidèle et presque paternelle amitié dont Paul de Musset entoura son frère jusqu'à la dernière heure et jusque par-delà le tombeau.

Dumas fils disait en parlant de son père :

— C'est un grand enfant que j'ai eu quand j'étais petit.

Paul de Musset aurait pu dire aussi que son frère était son enfant, tant il le choyait, tant il cherchait à lui écarter les ronces du chemin. Et avec quelle modestie prodigieuse il s'effaçait, cet homme qui, personnellement, avait une vraie valeur !

Ce n'était pas un Thomas Corneille, ne pas s'y tromper. Portant un autre nom, il aurait pu le rendre illustre par sa propre notoriété. Cependant, bien loin qu'apparût jamais une ombre de jalousie, il oubliait toujours son mérite pour faire valoir celui du frère gâté.

Et plus tard, Musset mort, avec quelle acuité de regret Paul parlait de lui ! Comme il soignait l'auréole fraternelle !

Je l'entendis, un jour qu'il disait, se sentant déjà gagné par la maladie :

— Ce qui m'effraye dans la mort, c'est de penser que je vais être séparé de sa mémoire !

La nature s'était plu, d'ailleurs, comme il lui arrive souvent, à juxtaposer dans les deux frères les contrastes les plus curieux. Autant Alfred était primesautier, fantasque, tout d'impulsions nerveuses, autant Paul était réfléchi, posé, tout de raisonnement et de volonté.

Ils sont maintenant réunis dans la tombe. Les dernières épaves de leur vie commune se dispersent. L'oubli a commencé à pousser sur eux.

Non pas que ce nom-là soit de ceux qui peuvent périr!

Mais on ne trouve déjà plus, chez la jeunesse nouvelle, cette intensité d'admiration — on pourrait dire de fanatisme — qui enflammait la jeunesse précédente.

On a d'autres idoles, — de boue parfois.

On se défie de la poésie. On savoure les proses basses.

Il y a des exceptions, parbleu! à cette règle. Il est des cœurs qui battent encore pour le beau plutôt que pour le vil.

Mais la tendance générale est dans le sens que j'indique. On s'en va, tournant le dos à Musset, aux barrières de la Chopinette où le naturalisme verse la fuchsine.

C'est plus tant pis pour nous que tant pis pour les poètes un instant délaissés.

Ils auront leur revanche, eux. Nous ne sommes pas sûrs d'avoir la nôtre.

⁎

Retraite d'une personnalité parisienne très connue sur son *turf* spécial.

M. Charles Pillet, le commissaire-priseur par le marteau de qui passaient les principales ventes faites depuis une quinzaine d'années, s'est retiré, à bout de souffle.

Car il faut une terrible poitrine pour tenir tête à cette existence de cris perpétuels et de suffocations ininterrompues.

L'atmosphère dans laquelle vit le commissaire-priseur est, au dire des médecins, une de celles qui font les plus pressantes invites à l'apoplexie, à l'asthme, à l'hypertrophie du cœur.

La statistique évalue à près d'un milliard le chiffre des sommes qui ont été encaissées dans les enchères présidées par M. Charles Pillet.

Joli chiffre.

Les ventes artistiques lui revenaient de préférence, et il pourrait publier, à ce sujet, des notes singulièrement édifiantes sur les hauts et les bas de cette cote si mobile.

Tel artiste qu'il a vu à vingt mille francs est présentement tombé à deux cents.

Tel autre qui s'est négocié à cent francs le tableau est arrivé à cinquante mille.

Jeu de bascule continuel. Les Decamps descendent, les Millet montent, et *vice versa*.

M. Charles Pillet passait pour un des plus habiles de la profession. Il avait notamment une façon de relever l'enchère au moment où on la croyait expirante, qui émerveillait les appréciateurs. Il lisait d'un coup d'œil dans l'indécision de tel amateur, et devinait jusqu'à quel chiffre on pouvait le faire grimper.

Jouissant, d'ailleurs, d'une réputation d'intégrité qui fait contraste avec ce qui se pratiquait jadis.

Ne vit-on pas des commissaires-priseurs — et des plus huppés — introduire dans la vente de tel banquier, qui avait un renom de cave hors ligne, jusqu'à deux ou trois mille bouteilles de liqueur venant de chez l'épicier du coin, et qui se négocièrent à quarante francs la bouteille ?

Sous ce rapport, il y a moralisation incontestable, et les petits *Mystères de l'Hôtel des Ventes*, divulgués jadis par Rochefort et Wolff, ont beaucoup perdu de leur ténébreuse perfidie.

Type curieux, d'ailleurs, et très à portée de la philosophie, que le commissaire-priseur, qui voit le revers de tant de médailles, par les mains duquel passent tant d'épaves d'amour, de fortune, de ruine, de déceptions.

Malgré lui, il en arrive à apprécier les choses d'après un étiage tout spécial.

Telle demi-mondaine est estimée par lui dans

les deux cent mille francs. C'est l'évaluation de ce que produira son mobilier.

Il y a des écrivains de soixante mille. Prix de leur bibliothèque.

On cite un mot bien symptomatique d'un commissaire-priseur, visitant le château et les collections du duc de ***, et s'écriant, emporté par l'élan du métier :

— Ah! monsieur le duc, si vous mouriez, quelle belle vente ce serait!

Ne voyons-nous pas tous ainsi notre prochain... à travers nous-mêmes ?

III

MOTS

III

MOTS

Éternels, les enfants terribles.

On explique au jeune Toto comment les champignons poussent dans l'obscurité.

Et lui, d'un air capable :

— Je comprends... Alors maman, qui renferme tous les soirs ses cheveux dans un tiroir.. c'est pour les faire pousser pendant la nuit.

*
* *

Dans un concert qui méritait bien d'être de carême, un pianiste à tout crin luttait depuis un quart d'heure contre un pauvre instrument qui ne lui avait rien fait.

— Savez-vous quel est ce morceau ? demande un auditeur à notre confrère X..., son voisin de stalle.

— Pas au juste, monsieur... Mais ça me fait l'effet d'être une symphonie en *dodo* majeur.

*
* *

Entendu dans un casino d'une ville d'eaux qui, cette année, est en même temps une ville d'eau.

Deux joueurs, à type caractéristique, chuchotent à voix basse, à la suite d'une partie d'écarté qu'ils ont jouée ensemble.

Les gestes sont d'abord animés.

Puis tout paraît s'apaiser.

Et finalement un baigneur qui les écoutait surprend ces mots conciliateurs :

— C'est entendu... jamais quand nous jouerons l'un contre l'autre !

*
* *

Dialogue d'actualité :

— Voyagerez-vous cette année ?

— Oui, en octobre... *A la fin de la mauvaise saison.*

*
* *

On a glosé fortement à propos du mariage peu assorti du vieux baron de B... un septuagénaire, avec Mlle M... — dix-sept ans aux lilas.

Le dernier commentaire — celui du neveu du baron — a été le bon :

— Que voulez-vous ! a-t-il ricané... Ils ne sont pas responsables. La fiancée n'a pas l'âge de raison, et mon oncle ne l'a plus.

*
* *

Z... est un insupportable qui ne paraît pas pouvoir pardonner aux autres la médiocrité soporifique de ses œuvres.

Non content d'endormir ses lecteurs, il faut qu'il écorche tous ses confrères, ce maldisant qui est aussi un médisant.

Gondinet l'a résumé d'un mot bien fin :

— Je ne savais pas, a-t-il dit, qu'il y eût des pavots à épines.

*
* *

Il y avait audition, dans un salon du faubourg Saint-Honoré, audition d'un pianiste très protégé par la maîtresse de la maison.

Quelques journalistes avaient été conviés.

Le virtuose luttait à mains plates, depuis plus d'un quart d'heure, contre son instrument. L'amphitryonne, sans doute pour faire une diversion qu'elle sentait nécessaire, se penche vers notre confrère X :

— Quel talent, hein !... Et si vous saviez comme il a eu des commencements difficiles !...

— Mais il me semble, chère madame, qu'il a la fin très difficile aussi.

*
* *

Implacable, l'ironie féminine !
— Cette pauvre Mme de B...! disait une de ses amies, à quoi ça lui sert-il de cacher son âge, puisqu'elle laisse voir sa figure ?

*
* *

De nos jours, les architectes ont à bâtir plus d'hôtels meublés que de palais. Point n'est facile de se révéler à ces besognes-là.

Allez donc parler d'art au propriétaire qui vous commande une *maison de rapport !*

Une formule que l'architecte, pour les besoins de sa renommée, aurait très certainement inventée, c'est celle-ci :

— Le superflu, chose si nécessaire.

Ce superflu-là, les propriétaires dont je parlais entendent le concilier avec une économie qui va souvent jusqu'à l'avarice.

Comment faire ?

Ce fut une fois le cas de Lefuel, mort récemment.

Un estimable commerçant enrichi s'était adressé à lui pour la construction d'un hôtel dans lequel il voulait se retirer.

— Je veux, avait-il dit, quelque chose d'original, d'artistique, d'élégant.

— Fort bien.

— Mais j'entends ne pas dépasser telle somme.

— Je comprends, dit Lefuel... Vous me demandez de me griser en restant sobre.

L'affaire en resta là.

* *
*

Un des bourreaux qu'a mis à pied l'unification de la guillotine vient de mourir dans une petite ville de province, où il languissait depuis que Paris s'est chargé d'envoyer aux départements le personnel des cérémonies expiatoires.

Notre homme a, dans ses dernières volontés, stipulé qu'il désirait que son fils tâchât de reprendre, à la première vacance, la profession paternelle.

Voilà un fils tenu d'être exécuteur... testamentaire.

* *
*

* *

Fini de rire ?... Allons donc !

Avec Paris, le rire n'a jamais de fin. Pas plus que les pleurs.

Il y a toujours ici de la drôlerie et de la douleur sur la planche, de la comédie et du drame.

Du drame ?... Exemple :

Un simple bulletinier de Bourse amasse trois ou quatre millions à ces jeux de la liquidation et du hasard.

Ses collègues le regardent avec envie. Les joies de ce monde lui sourient.

Hélas ! la folie arrive tout d'un coup, qui bouscule projets et enchantements. Trois lignes dans les journaux pour annoncer que M. C... a été frappé d'aliénation mentale, et ce sera tout.

N'est-ce pas tragique?

Cette intervention de la folie dans les choses de ce siècle est vraiment caractéristique. Elle frappe, — ce qui est surtout à remarquer, — elle frappe aux deux extrêmes, en haut et en bas. Tantôt c'est un malheureux dont la raison a été vaincue par les souffrances. Tantôt c'est un trop heureux qui a succombé sous le poids des bonheurs.

Et ce dernier cas n'est pas le moins fréquent.

On prend, à cette vie de poursuites imprévues et d'efforts incessants, des surexcitations terribles. La réaction se produit lorsqu'on a touché le but.

Une détente cérébrale survient. Débâcle.

C'est comme les enrichis du commerce qui prennent leur retraite et n'y peuvent survivre.

Je demande à résumer la question en cet apophtegme dont la profondeur me paraît incontestable:

— On ne sait pas combien il y a de gens en ce monde qui *meurent de leurs rentes*.

* * *

C'était un homme à boutades que M. Baze, l'ancien questeur. Mais ses métaphores avaient parfois de singulières hardiesses.

Tous ses collègues d'alors se souviennent encore d'un discours qu'il prononça dans une circonstance mémorable. C'était le soir même du jour où fut repoussée la fameuse proposition dite des *questeurs*.

Un groupe de députés nombreux se réunit dans le salon d'un des chefs de l'opposition.

M. Baze avait été l'instigateur de la réunion. Aussi fut-il le premier à prendre la parole.

Et voici sa première phrase :

« Messieurs,

« On a aujourd'hui *livré au loup les clés de la bergerie!* »

Malgré la gravité de la situation, ce loup se servant de clés provoqua une explosion de fou rire.

M. Baze n'alla pas plus loin.

* *
*

Fort agacé par la grandeur de la besogne qui le retient au rivage de la Seine, d'Ennery se dédommage en faisant des mots à jet continu.

Et de mordants, je vous en réponds.

On lui demandait :

— Vous connaissez X... ?

— Le banquier ?

— Oui... Est-ce un garçon sur la probité duquel on puisse faire fonds ?

— Il doit en avoir, — car il n'en a jamais dépensé.

De lui encore :

Il se promenait avec Gounod devant l'Opéra à l'issue d'une répétition.

Arrive un mendiant au ton dolent, à la très opiniâtre lamentation, qui s'acharne à les poursuivre.

D'Ennery très préoccupé de la conversation — il s'agissait d'une des coupures faites *in extremis* — n'entendait pas, Gounod non plus.

L'autre continuait toujours sa psalmodie apprise par cœur. A la fin, d'Ennery s'en aperçoit, fouille dans sa poche, tire un sou et sévèrement :

— Tenez..., mais ne mendiez plus !

*
* *

La Comédie-Française continue à pratiquer avec ardeur la réception à corrections.

Difficile entreprise que de forcer la porte de ce sanctuaire... encombré.

Cela me rappelle une plaisante exclamation de Scribe. Authenticité garantie.

C'était après la première des *Doigts de Fée*, dont le succès avait été médiocre.

Des coupures avaient été jugées indispensables, et, le lendemain matin, Scribe se promenait avec Legouvé dans le corridor étroit qui servait alors de foyer.

Il était très animé, très irrité, suite des tiraillements de la veille, et gesticulait. En gesticulant, il se cogna à un socle.

Et se tournant vers son collaborateur :

— Voyez-vous, mon cher, rien à faire dans ce théâtre. Il y a trop de bustes... Il y a trop de bustes.

* *

Ce qui n'empêche pas qu'on y présente de bien drôles de choses, et que les lecteurs chargés du déblaiement lisent de singuliers manuscrits.

L'autre jour, on en apporte un.

Il débutait comme suit :

Le titre d'abord, puis au-dessous :

— *La scène se passe quelques siècles avant la Renaissance.*

Comme précision de couleur locale, on ne pourrait souhaiter mieux.

* *

Un simple proverbe chinois :

« Oublie quand tu donnes. Souviens-toi quand on te donne. »

Je me permets de trouver la formule exquise de délicatesse.

Et vous?

*
* *

On a élevé un monument à Adolphe Crémieux, l'éloquent avocat.

Figure étrangement patriotique.

Crémieux, comme orateur, eut des qualités qu'il n'y a plus à vanter. Mais comme homme, il eut des bontés et des élans qu'on ne saurait trop rappeler à notre oublieuse époque.

Ne le vit-on pas offrir *cent mille francs* à la souscription pour la libération du territoire?

L'argent gagné par le talent et sanctifié par le patriotisme. C'est deux fois honorable.

Quel causeur d'esprit il y avait aussi dans cet

alerte vieillard, qui eut si longtemps la verdeur d'un jeune homme !

On sait la laideur proverbiale de Crémieux. Lui-même se raillait volontiers.

— Et dire, faisait-il avec son fin sourire, que je ne sais pas au juste le nom de celui qui m'a joué jadis le mauvais tour d'inventer les miroirs !

Il avait aussi des mots d'une profondeur imagée. Je puis en citer un :

C'était lors des débuts d'un avocat qui, plus tard, grâce à la politique, fit un chemin rapide. Inutile de mettre son nom.

Il fut ministre sous l'empire, comblé de dignités, mais sans avoir pu acquérir un renom équivalent à sa fortune, étant de ceux qui ont toutes les habiletés, sans plus.

Crémieux avait assisté à ses premières plaidoiries, et deviné ses ambitions secrètes.

Et comme on lui demandait ce qu'il pensait de lui :

— Peuh ! dit-il, il ira probablement loin, mais il n'ira jamais haut.

※
* *

Un mot profond du docteur Z... — un de nos praticiens philosophes.

Le riche baron de S... le consultait récemment.

C'est un de ces hypocondriaques qui, sans réelle souffrance, s'imaginent toujours être exposés à tous les maux.

Le baron s'épanchait d'un ton dolent dans le sein de l'éminent médecin.

— Dame! interrompit le docteur Z..., je ne puis rien pour vous. Qui s'écoute vivre s'entend mourir.

* *
*

Pincé, le petit Chose, neveu terrible et gommeux sceptique.

Il était en train de faire, après déjeuner, des gorges chaudes sur son oncle, ancien beau, resté homme d'esprit.

— Comprend-on, faisait-il, qu'on se maquille ainsi !

L'oncle, qui avait tout entendu, survient à l'improviste :

— Mon cher ami, si les hommes de mon âge se teignent, c'est parce que les hommes du tien ne savent plus respecter les cheveux blancs.

***

Un jour, Ravel, qui n'est plus, rencontre certain poète de dixième catégorie, qui avait la manie de réciter dans les cafés ses odes et sonnets inédits.

Justement, notre homme venait de faire annoncer dans un journal la publication de ces œuvres tant colportées.

Ravel l'aborde, sourire aux lèvres, et d'un ton de félicitation :

— Et bien !... vous vous décidez donc à *faire disparaître* vos vers en volume ?...

※
※ ※

Boutade.

Quelqu'un vient et me dit :

— Méfiez-vous.

— De qui ?

— D'un ennemi qui vous fait bien du mal.

— Et comment ?

— En vous flattant sans cesse, en cherchant des excuses à tous vos défauts, en vous cachant toujours la vérité, en vous conseillant de vous laisser aller à vos passions, en vous rendant ainsi ridicule aux yeux de tous.

— Nommez-le-moi, cet ennemi, que je le châtie !

— C'est vous-même.

* *
*

Calino n'est pas au bout de son rouleau.

Il disait l'autre mois :

— En somme, voyez comme tout est mal réglé ici-bas : c'est dans l'hiver, la saison la plus froide, que le soleil chauffe le moins...

* *
*

A ajouter au répertoire des avares.

Le baron de Z..., très, très riche financier,

reçoit l'autre jour la visite d'une dame de charité.

Il l'éconduit avec la politesse suffisante.

Elle insiste.

— Comment, monsieur le baron... un millionnaire comme vous refuser de faire la charité!

Et lui avec conviction :

— Eh ! madame, si les riches aimaient à donner, ils seraient trop heureux !...

**

D'Ennery montrait à des amis une splendide annexe qu'il a cru devoir ajouter à son hôtel de l'avenue du Bois-de-Boulogne.

Sur une monumentale cheminée en bois sculpté, un buste en bronze de Molière.

Et d'Ennery désignant du doigt l'immortel écrivain :

— Je ne sais vraiment pas pourquoi je l'ai mis là... car enfin c'est lui qui fait trouver toutes nos pièces mauvaises !...

*
* *

Le septuagénaire général X..., actuellement en retraite, et ayant besoin de soins pour ses rhumatismes de vieux célibataire, s'est décidé à prendre une dame de compagnie.

On lui en a recommandé une qui est entrée en fonctions récemment.

Mais voilà que le général s'est aperçu que celle-ci, encore jeune, profite du voisinage de l'École militaire, près de laquelle elle habite, pour entretenir des correspondances avec des officiers d'alentour.

Il l'a donc congédiée, puis a écrit à celui qui la lui avait recommandée :

« Mon cher ami,

« J'ai dû me priver des services de votre protégée. Il y avait un malentendu. Je vous avais demandé une dame de compagnie et vous m'avez expédié une dame de régiment. »

*
* *

Le docteur X... était allé présider le congrès médical de Montpellier.

Et il avait — lui que Paris tient si étroitement

captif d'ordinaire — pu visiter rapidement un coin du Midi.

De passage à ***, il se rend au musée, assez riche en antiquités romaines.

Dans un coin, il avise un fragment de statue représentant un adolescent. Morceau des plus remarquables sur lequel se fixe son attention.

Le gardien s'en aperçoit.

— Monsieur trouve ça beau ?

— En effet.

— Je crois bien, monsieur... (*Avec une fierté d'érudit.*) c'est une statue de *Marcellus eris !*...

*
* *

Z..., financier plus que véreux, après avoir jeté un moment de la poudre d'or aux yeux, a clos le cours de ses brillants mais rapides exercices par un *pouf* retentissant.

On en causait sous la colonnade.

— Quelle déconfiture !

— Un gaillard qui avait, par ma foi, la prétention de se poser en Louis XIV de la spéculation : la Bourse, c'est moi !

— Que dites-vous là?... Bien plus fort encore que Louis XIV, mon cher... *Il a failli sans attendre.*

*
* *

Un trait de génie du docteur Z...

Parmi ses clients il avait certain conseiller à la cour, mis en retraite.

Notre conseiller tombe malade.

Une fièvre intermittente, compliquée d'une insomnie aggravante. C'était cette insomnie qui inquiétait le plus le docteur. Aucun narcotique n'en avait pu venir à bout. Celui de Bordeaux aurait échoué lui-même.

Que faire ?

Le docteur se frappa le front. Il avait son *eurèka*.

Le lendemain, des amis du conseiller prenaient place sur des sièges autour de son lit, qui en robe rouge, qui en robe noire et toque au front !

Une demi-heure après, le malade dormait profondément.

Il s'était cru à l'audience !...

*
* *

Autre histoire médicale.

Le docteur B... est l'ami des hommes de lettres, qu'il harcèle un peu avec cette amitié-là.

Enfin, on le tolère, à titre de bavardeur inoffensif. Mais c'est tout.

Un jour, on l'annonce chez Augier.

— Ah! c'est le docteur B..., dites-lui que je ne peux pas le recevoir aujourd'hui... *Je suis malade!*

* *

Un type de parvenu arrogant et agaçant, c'est X... le millionnaire, venu on ne sait d'où.

Il court même sur les origines de sa fortune des bruits scandaleux, qui devraient le rendre plus modeste.

Au contraire.

— Enfin, demandait quelqu'un à la Bourse, pourquoi cette morgue?

— Cette morgue?... parbleu, à cause des nombreux cadavres qu'il a dans sa vie!

*
* *

Écho de soirée.

Sur un fauteuil, faisant tapisserie, une énorme dame dont la robe tardivement décolletée laisse voir des charmes surannés.

On regarde beaucoup cet anachronisme et on commente.

— Enfin, quelle idée de se décolleter à cet âge?

— Dame!... Peut-être parce que les expositions rétrospectives sont à la mode!

* * *

Le chapitre des domestiques... Inépuisable sujet.

Savez-vous qu'ils vont bien actuellement ?

Je vous recommande particulièrement la scène de la présentation, quand on cherche un nouveau serviteur. Autrefois, c'était le maître qui posait d'ordinaire ses questions et faisait ses conditions.

Aujourd'hui on a changé tout cela.

Les questions sont faites et les conditions posées par le domestique, qui interrompt à chaque instant pour demander :

— Combien a-t-on de jours de sortie chez monsieur ?

— Monsieur a-t-il quelqu'un pour monter l'eau ? Et le bois ?

— A quelle heure monsieur a-t-il l'habitude de se coucher ?

Cette dernière interrogation m'a été adressée à moi-même. Mais un de mes amis a eu un échantillon plus curieux encore des modernes prétentions.

Un valet de chambre lui avait été envoyé. Il se décide à l'arrêter.

Mais l'autre, fort digne :

— Je rendrai réponse à monsieur demain... *Il faut que j'aille aux renseignements !...*

* **

Beaucoup de valeur, Mlle X..., qui passe pour une des plus fines diseuses de Paris.

L'actrice a pourtant un défaut qui agace certains appréciateurs. Pas un mot auquel elle ne veuille faire un sort. Pas un effet qu'elle ne souligne.

— C'est insupportable! disait un de ses détracteurs. Elle ne met pas seulement des points sur les *i*, elle y met des trémas.

Cruel, mais mérité.

*
* *

A mesure qu'elle vieillit, la baronne de B... devient plus médisante.

Or, comme elle ne s'arrêtera pas sur la pente des années, on se demande jusqu'où ira son âpre méchanceté. Mais elle trouve parfois sur son chemin des représailles impitoyables.

Exemple, ce dialogue féminin, dont la baronne a fait les frais :

— En vérité, ma chère, je ne sais ce qu'elle a maintenant. Elle mord tout le monde.

— C'est pour essayer ses fausses dents.

*
* *

Ils ont de la jovialité, nos honorables.

Entre temps, ils font des mots — qu'ils se dédient.

Un spécimen :

Le député Y... est ventripotent et tapageur à la fois. Malgré son embonpoint, il se démène sans cesse, va, vient, gesticule, déblatère.

Savez-vous quel sobriquet on lui a donné?

On l'a appelé la *Panse de Saint-Guy*.

※
 ※ ※

Un mot féminin en passant :

Mme de R... recevait pour la première fois de la saison. Soirée de simple causerie. Ce qui explique qu'il fallait bien, pour occuper le temps, médire un peu du prochain.

La médisance finit par tomber sur la baronne de M..., qui passe elle-même pour une des plus méchantes langues du moment.

La baronne de M... a une spécialité de perfidie. C'est toujours avec des airs onctueux et par insinuations doucereuses qu'elle procède quand il s'agit de dépecer une amie.

Constatation en était faite.

— Oui, intervint Mme de R..., cette pauvre baronne est une étrange nature... C'est du *fiel de Narbonne!*

* *

Labiche est un des Quarante.

Avec lui quelque chose de Molière est au moins entré à l'Institut.

Car un définisseur a dit :

— Labiche, c'est Poquelin cadet.

* *

Entendu aux dernières courses.

Passait le financier X..., qui a épousé une demoiselle de famille aristocratique, mais pauvre, grâce à laquelle il a vu s'ouvrir pour lui quelques salons du faubourg Saint-Germain.

— Eh bien, fit quelqu'un, voilà qu'il a tout de même réussi à entrer dans le monde de la noblesse.

— Oui, en achetant une contremarque.

**

Les poêles plus ou moins mobiles échangent, depuis les cas d'asphyxie dont la presse s'est occupée, des polémiques ardentes.

L'autre jour, l'inventeur d'un de ces appareils se présente aux bureaux d'un journal pour protester contre un article où il avait été parlé du danger que présente l'emploi de certains calorifères.

— Vous comprenez, monsieur, dit-il à notre confrère X..., le secrétaire de la rédaction, si ces bruits fâcheux se propagent, c'est notre ruine.

— Pourquoi donc?... Il vous restera toujours la clientèle des suicides...

***

Un mot de femme bien fin.

Une dame apporte à Gondinet le manuscrit d'une comédie.

Gondinet le parcourt et remarque des pages vides.

— D'où vient que?... interroge-t-il.

— Ah!... ce sont les scènes d'amour que j'ai laissées en blanc.

— Il me semble cependant, madame, que les femmes, pour ces scènes-là, doivent être plus compétentes que les hommes?

— Oh! non, monsieur... *Nous, nous écoutons...*

*
* *

Un amusant trait de mœurs contemporain.

La téléphonie commence à prendre dans nos habitudes une place qui deviendra de plus en plus considérable.

Il y a quelque temps, c'était M. Alphonse de Rothschild qui faisait poser les appareils dans son bel hôtel de la rue Saint-Florentin.

Il n'y avait pas dix minutes que les ouvriers avaient fini leur besogne et s'étaient retirés, que la sonnette d'avertissement se met à jouer, annonçant une première communication.

M. Alphonse de Rothschild pose l'oreille sur le récepteur.

C'était un monsieur qui, avec toutes les formules de la plus respectueuse politesse, lui adressait... une demande d'emploi!!!

*
* *

Galanterie, tu n'es pas un vain mot.

La preuve, c'est que la préfecture de police vous a dédié, mesdames, son plus gracieux sourire en vous octroyant la permission de grimper désormais sur l'impériale des omnibus à trois chevaux.

On était allé chercher un tas de mauvaises raisons pour vous contester ce droit.

On prétendait — fi! les vilains! — que vous êtes trop encombrantes, que vous mettez trop de temps à monter et à descendre, que vous êtes trop maladroites...

C'était indigne, cela.

Mais la préfecture de police vous a rendu hommage. Soyez consolées et, nous, réjouissons-nous.

Car vraiment ce sera un coup d'œil moins uniformément désagréable pour le promeneur du boulevard que d'apercevoir, au lieu des laids paletots ou des blouses monotones, le bariolage des toilettes féminines courant sur les voitures entrecroisées.

Un poète dirait:

— De nouveaux jardins de Sémiramis!

*
* *

Le comble de la franchise.

Un monsieur s'est fait remarquer par ses assiduités dans une honorable famille. Des indices ont donné à supposer qu'il a l'intention de demander la main de la demoiselle de la maison.

Puis soudain il est devenu plus réservé, et, tout en continuant à venir, il ne se prononce pas.

L'autre jour, le père de ladite demoiselle se décide à le prendre à part :

— Cher monsieur, je suis fort honoré de vos visites amicales, mais j'ai une fille que je ne dois pas laisser compromettre... Et si vos intentions ne sont pas...

— Monsieur, je désire toujours devenir votre gendre. Mais j'attends pour me marier le rétablissement du divorce.

Tableau !

Peut-on, par le temps qui court, parler, sans politiquer, du mouillage des vins ?

Oui, tout de même, n'est-ce pas ?

En attendant que l'on puisse légalement tromper sur la quantité de la marchandise vendue, les consommateurs protestent encore contre ce baptême peu orthodoxe.

Les marchands de vin trouvent parfois des réponses à ces protestations, qui charment par leur imprévu.

Prenons cette scène d'une authenticité récente :

Un client entre inopinément dans l'arrière-boutique d'un cabaret.

Il trouve le patron en train d'arroser fortement un fût destiné à ses pratiques.

— Par exemple !... s'écrie-t-il... c'est dégoûtant ce que vous faites là !

— Comment, dégoûtant !... mais c'est de l'eau propre !!

Sur un album de ma connaissance :

« Il suffit d'un misérable pour rendre féroce une foule inoffensive. Il y a aussi les tigres de Panurge. »

L'auteur ?

Lamartine.

*
* *

X... est le plus résolu paresseux des boulevardiers.

Impossible de l'arracher à son lit avant midi. Et encore !

Or, le pauvre X..., à la suite d'une querelle au jeu, s'est trouvé avec un duel sur les bras.

Ses témoins arrivent le soir :

— C'est pour demain !

— Ah ! très bien.

— A sept heures du matin !

— A sept heures !... jamais !... La pointe de l'épée tant qu'on voudra, mais pas la pointe du jour !

*
* *

Au moment des expositions intimes qui précèdent le Salon, deux cercles se disputent toujours les visiteurs : le *Saint-Arnaud* et les *Mirlitons*.

Les comptes rendus spéciaux se chargent surabondamment de faire de la réclame aux œuvres célèbres ou qui désirent le devenir.

Je me contenterai de vous offrir un commentaire, saisi au vol dans un des deux cercles.

Parmi les amateurs qui cherchaient, cette année, à s'y faire prendre pour des connaisseurs, figurait un de nos parvenus de la finance, qui est plus ignorant qu'une carpe en matière artistique, mais qui achète tableaux sur tableaux pour faire de la réclame à ses millions véreux.

Au moment où il passait, le peintre D... poussant le coude à un de ses confrères :

— Tiens ! voilà le monsieur qui prend votre bras pour une enseigne !

***

C'est sur ce même financier, à l'habileté malsaine et sans foi, qu'on disait un jour :

— Un garçon très intelligent !... Il ne lui manque que la parole.

*
* *

Malgré ses cinquante printemps, Mme de R... persiste à déployer une coquetterie beaucoup trop militante.

— Au moins, observait quelqu'un, elle ne devrait pas afficher ses tardives aventures.

— Que voulez-vous ? intervint une de ses amies, sous couleur d'atténuation... elle est si sourde qu'elle n'a pas entendu sonner l'heure du couvre-feu.

※
※ ※

Deux perles !

La première trouvée dans la description d'un panorama. Chacun y a pu lire ce qui suit :

« Le soleil se couche... Il est trois heures et demie ou quatre heures. C'est l'été, par un beau temps. Tout le monde se promène. »

Voir le soleil se coucher, *l'été,* — même par un beau temps, — à trois heures et demie, voilà un spectacle qui me charmerait — par sa nouveauté.

Numéro deux. Dans un portrait de Mlle Mauri, la ballerine si à la mode :

« Le théâtre a été, pour ainsi dire, le berceau de cette exquise jeune fille, qui vient de faire entendre sur la première scène du monde une note fraîche et harmonieuse qui depuis longtemps n'avait tinté avec un pareil éclat. »

Une danseuse qui *fait entendre une note qui n'avait jamais tinté avec un pareil éclat !*

O métaphore, tu ne connais pas d'obstacles !

*
* *

J'ai rencontré, dans le quartier Notre-Dame-de Lorette, un aveugle bizarre.

Bizarre par la pancarte qu'il portait sur l'estomac et sur laquelle chacun lisait avec ahurissement :

AVEUGLE PAR INFAMIE

PENDANT LA NUIT

* *

Le boulevardisme a son argot qu'il fourre partout.

A propos de fêtes commémoratives en préparation à Gênes, on causait, au cercle, de Christophe Colomb et de la découverte de l'Amérique :

— En voilà une belle première ! interrompit le baron de C... qui jouait l'écarté à une table voisine.

L'appréciation a paru inattendue.

Entre toutes les beautés parisiennes qui excellent à se survivre, une des plus expertes est certainement la comtesse de G..., dont l'habileté à jouer des cosmétiques pour réparer l'irréparable outrage déconcerte toute évaluation d'âge.

— Cette femme-là, disait quelqu'un, c'est l'*Art de falsifier les dates*.

*

Un de ces importuns à dièses et bémols qu'on rencontre sur le pavé de Paris harcelait, il y a quelque temps, un de nos amis, voulant le forcer d'accepter un billet pour un grand concert que ledit importun devait donner à la fin de la semaine.

— Je vous en prie, prenez-le.

— Il me serait impossible d'en profiter.
— Alors vous le donnerez...
— Merci... *mais je n'ai pas d'ennemis !*

*
* *

Un journal a relevé cette inscription, lue aux vitres d'un marchand de musique :

Location de pianistes.

Il en était justement choqué.

Louer les pianos, soit. Mais louer les pianistes ! La formule sent par trop son esclave.

Hélas ! s'il n'y avait que la formule ! Mais la réalité de la chose est là. Ce sont bien de véritables esclaves que ces infortunés qui, rivés au clavier, doivent, pendant toute la nuit, répéter les polkas et les valses.

La chaleur les asphyxie, la crampe les torture, le sommeil les écrase.

Tape! tape! tape!

Ni repos, ni trêve. Les jeunes filles sont sans pitié comme sans fatigue.

Pour achever le supplice de ces victimes, on a créé le cotillon. C'est le coup de grâce. Le cotillon dont l'engrenage tourne indéfiniment. Le cotillon qui broie le pianiste de louage comme le rouleau broie les cailloux du macadam.

On parle toujours des souffrances de l'ouvrier.

Et ces souffrances-là, pourquoi les oublie-t-on ?

*
* *

Guibollard veut avoir des tableaux.

C'est la manie du jour.

Il marchande dernièrement un paysage rue Laffitte. On tombe d'accord sur le prix.

Guibollard va donner son adresse, quand s'avisant :

— Au fait, quel pays cela représente-t-il ?

— Un coin de Sologne, monsieur.

— La Sologne ? Je n'en veux pas, alors... J'ai lu partout que c'est un pays trop malsain.

*
* *

Cet inépuisable Guibollard !...

L'autre matin, le garçon qui a l'honneur de l'accommoder lui dit :

— Monsieur, c'est la dernière fois que je vous sers.

— Bah !

— Oui, monsieur... je vais partir comme coiffeur à bord des paquebots transaltantiques.

— C'est dangereux, mon ami, ce métier-là.

— Peuh !... Les bénéfices avant tout ! On se fait cinq cents francs par mois, on est nourri...

Guibollard, avec sollicitude :

— Et logé ?

*
* *

X... est de la tribu des *reconduiseurs*. Il s'acharne au bras du premier venu qu'il rencontre.

En voilà pour une heure de bavardages creux. Aussi chacun le fuit, il faut voir.

— Ne me parlez pas de cet animal-là, disait le comte de B..., le spirituel diplomate. Il ne tient pas compagnie et il trouble la solitude.

※
＊ ＊

R..., négociant enrichi, vient d'être décoré récemment.

Pourquoi?

On se le demande.

R... possède de fort belles propriétés aux environs de Paris; mais est-ce là un titre suffisant?

Oui, d'après notre confrère ***.

On parlait devant lui de cette décoration bizarre.

Et chacun de gloser.

— Pourquoi pas? fit ***... Si R.. n'a pas de blessures, il a plusieurs campagnes.

*
* *

M. de La Valette, qui est mort l'an dernier, était un homme d'esprit. On prétend que c'est lui qui — au ministère de l'intérieur, quand il avait M. de Saint-Paul pour secrétaire général — s'était donné à lui-même ce surnom : *le Sonneur de Saint-Paul.*

En tout cas, en mainte occasion, sa repartie fut vive et délicate. Un exemple :

M. de La Valette parlait peu à la tribune. Il s'empêtrait volontiers et ne cherchait naturellement pas les occasions d'y faire figure médiocre.

Un jour, un de ses collègues, prolixe et creux, causant avec lui, disait :

— Il est vraiment fâcheux, marquis, qu'un homme d'État de votre valeur ne soit pas plus orateur.

— Mon cher, fit M. de La Valette, je m'en console. Ma difficulté de parole ne fait souffrir que moi, et la facilité de parole fait souvent souffrir les autres...

※
※ ※

X..., l'auteur dramatique dont les débuts promettaient tant et qui se fit connaître par deux ou trois succès, n'a malheureusement pas continué la série.

Les fours sont arrivés.

Ils se sont même répétés si bien que X..., écœuré, a renoncé à écrire depuis quelque temps, préférant l'oubli au sifflet.

— Ah! çà, que fait-il donc? demandait-on l'autre jour. On ne joue plus rien de lui.

— Bah! il a assez travaillé pour avoir droit à l'oisiveté, dit un de ses amis.

— Oui... Seulement le fâcheux, c'est qu'il ne se repose pas sur ses lauriers... Il se repose dessous.

*
* *

J'ai parlé déjà de la mode des *éventails-autographes*.

La vogue s'accentue.

Avis à qui de droit. La devise est maintenant:

Ayez toujours de l'esprit dans vos poches
On ne sait pas ce qui peut arriver.

Ce qui arrive — dans les salons — c'est qu'on vous présente l'éventail terrible et qu'il faut payer comptant.

C'est ce qui est arrivé un jour à notre ami Gondinet, dont une inexorable maîtresse de maison exigeait un tribut immédiat.

Gondinet prenant la plume a écrit :

La raison du plus faible est toujours la meilleure.
Madame, vous venez de le prouver sur l'heure.

* *
*

Éternelle, la race des enfants terribles !

Un visiteur arrive chez la baronne de X... — une des virtuoses du maquillage.

La petite fille d'icelle et une bambine amie

(dix ans chacune) lui apparaissent barbouillées à plein visage de rouge, de blanc, de noir.

— Et que diable faites-vous là, mes enfants ? interrompt-il.

— Nous *jouons à maman.*

TABLE

	Pages.
Choses.	1
Hommes.	81
Mots.	241

www.ingramcontent.com/pod-product-compliance
Lightning Source LLC
Chambersburg PA
CBHW071345150426
43191CB00007B/855